बिंदिया

नारी सशक्तिकरण विशेषांक

संपादिका
शाहाना परवीन 'शान'

PRACHI
DIGITAL PUBLICATION

Title   : Bindiya

Editor   : Shahana Parveen

Edition   : 1st (January, 2023)

ISBN   : 9789395391108

Published by

PRACHI
DIGITAL PUBLICATION

Regd. Add.: 254, Khuriyakhatta No. 10, Bindukhatta,
Lalkuan, Nainital - 262402, Uttarakhand, India
Website : www.prachidigital.in
E-mail : info@prachidigital.in
Contact : +91-976041-7980, 976041-8103

Printed by :
Manipal Technologies Limited, Manipal - 576104, Karnataka

अनुक्रमणिका

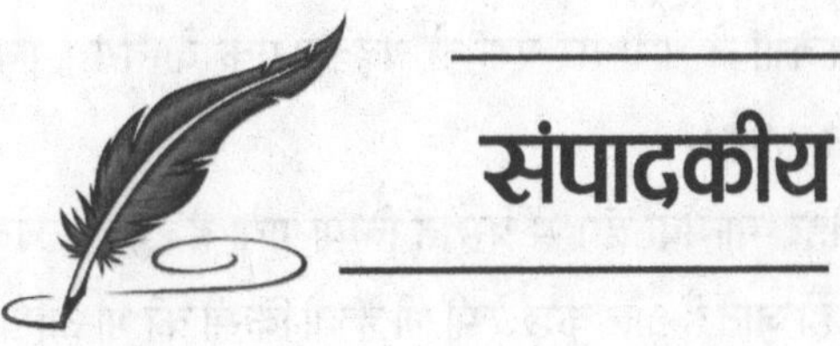

संपादकीय

क्रोधित हो उठती कलम जब अपमान होता नारी का,

बेचैन हो जाते शब्द जब जीवन नरक बन जाता किसी नारी का।

शक्ति का स्वरूप नारी, महानता की मूर्ति है,

जग सूना बिन नारी, नारी से संसार की पूर्ति है।

बिंदिया चमक उठती जब नारी मुस्काती है,

आत्मविश्वास बढ़ जाता समाज में

जब नारी अपनी जगह बनाती है।।

मन में बसी कुछ बातें जो कह नहीं पाते हम किसी से,

अच्छे काव्य के सहारे कह देते हम सभी से।।

बिंदिया संकलन ऐसा जो कहे बात हृदय की,

नारी के विचारों और अभिव्यक्ति की।।

सभी सम्मानित लेखक, लेखिकाओं व साहित्यकारों के हाथों में बिंदिया संकलन प्राची पब्लिकेशन्स के माध्यम से सौंपते हुए बेहद प्रसन्नता की अनुभूति हो रही है। मुझे विश्वास है कि सहज, सरल और सुबोध शैली की ये अनुपम रचनाएँ सभी पाठकगण व पाठिकाओं के दिलों को अवश्य छू जायेंगी।

'बिंदिया' संकलन रचनाकारों की भावनाओं का एक ऐसा रेखा चित्र है, जो समाज में बिखरे नारी के अनेक रुपों को एक माला में पिरोने में सफल हुआ है। नारी से सम्बंधित कोमल संवेदनाओं और अन्तर्वेदनाओं को स्पर्श करती अनेक रचनाओं से तैयार यह संकलन अपने आप में बेहद अनूठा और लाजवाब है। जिसमें बताया गया है कि नारी जीवन एक संघर्ष है, जहाँ उसे अपने लिए जगह बनानी है। अपने लिए मार्ग खोजना है और आगे बढ़ना

है। सभी कवि व कवियत्रियों ने नारी पर एक से बढ़कर एक बेहतरीन रचनाएं लिखकर संकलन को पूर्णता प्रदान की है।

हृदय के भावों को बेहद मार्मिक ढंग से प्रस्तुत किया गया है। कुछ रचनाएँ ऐसी भी हैं जिन्हें पढ़कर रौंगटे खड़े हो जाते हैं और कुछ ऐसी भी हैं जो किसी की भी आँखो में आँसू लाने में सक्षम हैं। यह संग्रह हमें जीवन जीने की कला सिखाता है। स्त्री जाति का सम्मान करना सिखाता है। नारी के त्याग और स्नेह की कहानी हमारे सामने प्रस्तुत करता है।

नारी से सजते रिश्ते, नारी परिवार बसाती है,
बेटी, बहन, पत्नी मां बन नारी घर को सजाती है।
कर्तव्यों से मुँह कभी ना मोड़े, चेहरे पर मुस्कान सजाती है,
अंधेरो में उजियाला फैलाती, दो परिवारो को बसाती है।
नारी जग सृजित करती, संसार आगे बढ़ाती है।।

मैं प्राची डिजिटल पब्लिकेशन के प्रकाशक आदरणीय श्री राजेन्द्र सिंह बिष्ट व प्राची प्रकाशन ग्रुप से जुड़े सभी गुणीजनों का और सभी सहभागी रचनाकारों का हृदय से आभार, धन्यवाद ज्ञापित करती हूँ जिन्होने मेरे हाथों में बिंदिया संकलन का दायित्व सौंपा।

मैं परमात्मा से यही प्रार्थना करती हूँ कि प्राची डिजिटल पब्लिकेशन सफलता के शिखर को छूता रहे और नित नये लेखक, कवियों व कवियत्रियों को आगे बढ़ाने में सदा तत्पर रहे।

अंत में केवल इतना ही कहना चाहूगी... सभी कलमकारो को हृदय की गहराईयों से बहुत बहुत बधाई व हार्दिक शुभकामनाएं....। आज सबके परिश्रम से एक बेहतरीन, सुंदर काव्य संग्रह हमारे साथ है, हमारे पास है।।

धन्यवाद!!

शुभकामनाओं के साथ आपकी

शाहाना परवीन 'शान'

(संपादिका)

शाहाना परवीन 'शान'

पिता	:	स्वर्गीय श्री यूसुफ अली जी
माता	:	श्रीमती शमीम आरा
पता	:	मुजफ्फरनगर, उत्तर प्रदेश
फ़ोन नंबर	:	9876850264

प्रकाशित पुस्तकें : लम्हों की खामोशियाँ (कविता संग्रह), मुख्तसर अल्फाज़ (कविता संग्रह), लिटिल हार्ट्स (कविता एवं कहानी संग्रह), अपराजिता (कहानी संग्रह)।

शैक्षिक योग्यता : बी०ए० (ऑनर्स), एम०ए० अलीगढ़ मुस्लिम विश्वविद्यालय (एएमयू) अलीगढ़, एन.टी.टी. (नर्सरी टीचर ट्रेनिंग) कोर्स हरियाणा, सह पाठ्यक्रम गतिविधियाँ : एन.एस.एस. (राष्ट्रीय सेवा योजना) एएमयू अलीगढ़।

रूचियाँ : कविता, कहानी, लघु कथा, आलेख लिखना, एंकरिंग करना।

सांझा संग्रह : बाल काव्य, बज़्मे हिंद ऐतिहासिक पुस्तक, स्वरांजलि, कथाद्वीप, आखर कुंज, नव-किरण, नव सृजन, काव्य सृष्टि, हे भारत भूमि, रत्नावली, उन्मुक्त परिंदे, शब्दों के पथिक।

प्राप्त सम्मान : श्रेष्ठ रचनाकार सम्मान, रत्नावली सम्मान, स्वामी विवेकानंद साहित्य सम्मान, उत्कृष्ट काव्य सृजन सम्मान, मधुशाला गौरव सम्मान, काव्य स्वरांजलि सम्मान, कथा गौरव सम्मान, सावरकर सम्मान, श्रेष्ठ सृजन सम्मान, हरिवंश राय बच्चन सम्मान, हिंदी साहित्य सृजन सम्मान, हिंदी साहित्य रत्न, श्रेष्ठ साहित्यकार इत्यादि सहित दर्जनों सम्मान।

नारी क्या नहीं कर सकती?

करे कोशिश तो नारी क्या कर नहीं सकती?

पुरूषों से दो कदम आगे नारी सदा ही रहती।

औरत को शरीर से समझा जाता कमज़ोर,

बलात्कार के बाद कर देते नारी को खामोश।

औरत अपनी खामोशी को जब तोड़ती है,

अपराधियों को सजा फिर आजीवन की मिलती है।

करे कोशिश तो नारी क्या कर नहीं सकती?

पुरूषों से दो कदम आगे नारी सदा ही रहती।

जनम लेती जिस घर भेदभाव उसके साथ होता,

बेटो से कम स्नेह का हाथ बेटियों के सिर पर होता।

बड़ी होकर यही बेटी माता पिता का सहारा बनती है,

बेटे बदल जाते पर बेटी फिर भी बेटी ही रहती है।

करे कोशिश तो नारी क्या कर नहीं सकती?

पुरूषों से दो कदम आगे नारी सदा ही रहती।

बहू बन जाने के बाद ससुराल में ताने सुनाए जाते,

दहेज ना ला सकने के कारण आरोप उस पर लगाए जाते।

बहू उठाती जब हाथ में डंडा दुनिया देखती रह जाती है

बहू के सामने सास और ननद फिर हाथ जोड़ती नज़र आती हैं।

करे कोशिश तो नारी क्या कर नहीं सकती?

पुरूषों से दो कदम आगे नारी सदा ही रहती।

शाहाना परवीन 'शान'

एक डर जो अपने का

डरती सहमी कमरे में आती नारी

एक खौफ चेहरे पर उसके

स्पष्ट पढ़ा जा सकता था

फिर वही रात

वही बिस्तर

वही राक्षस

आज भी होगा वही सब उसके साथ

जो रोज होता आ रहा है।

कहने को वह पति है उसका पर

जल्लाद किस्म का इंसान है

हर रात उसके शरीर को

कुत्ते की तरह नोचता है

शराब पीकर हर रात

उसका अपमान करता है

पत्नी कह पाती नहीं किसी से कुछ

क्योंकि समाज ने उसके पति को

अधिकार जो दिया है

उसके शरीर पर अधिकार जमाने का।

सात फेरो में नहीं कहा जाता कि

पत्नी के साथ दुर्व्यवहार करना

उसको प्रताड़ित कर पति को खुश होना होगा।

पर पति को तो जैसे प्रमाणपत्र मिल जाता है

पत्नी पर अत्याचार करने का।

सोचो जब नारी आती है दुर्गा रुप में

तब धरती भी हिल जाती है
तब पति नहीं रह जाता केवल पति
तब वह एक पुरूष बन जाता है
जिसे दुर्गा रुपी नारी सबक सिखाती है
बदला लेती है उससे अपने हर अत्याचार का।।

✍ शाहाना परवीन 'शान'

सफेद रंग

सफेद रंग की साड़ी,
उसमें लिपटी नारी।
हाय ! कैसी विपदा आई ?
खुशियों पे चल गई आरी।

अब क्या होगा ?
कैसे करेगी सिंगार ?
कैसे पहनेगी हार ?
अब कहाँ जायेगी बेचारी ?

चारों तरफ से आवाजे आ रही थीं,
विधवा बैठी थी मुँह लटकाएँ नीचे।
अरी ! तू क्यूँ नहीं रो रही ?
दहाड़े क्यूँ नहीं मार रही ?
चिल्ला क्यूँ नहीं रही ?
आस- पडोस की स्त्रियों का स्वर गूँजा।
विधवा नारी बन गई एक कहानी।।

पति मर गया तेरा,
तू कर ना सकेगी सिंगार।
निकाल कानो के कुंडल और
गले से भी हार।
जिंदगी हो गई विरानी।।

नहीं शामिल हो सकती विधवा अब,
शादी- विवाह के उत्सव में
मांगलिक कार्यों में।
घर में रहकर करेगी काम,
नहीं कर सकेगी विधवा,
अब दो घड़ी आराम।
हाय ! कैसी विपदा आई ?
नारी ने पहनी सफेद साड़ी,
अब नारी विधवा कहलाई।।

ऐसा क्यूँ ! क्या विधवा होना पाप है ?
होता पाप तो,
ईश्वर उसे विधवा क्यूँ बनाता ?
उसकी खुशियों पर क्यूँ ग्रहण लगाता ?

हुई नारी विधवा तो,
इसमे दोष कहाँ नारी का ?
सफेद वस्त्र धारण कर,
क्या नारी का शरीर भी बदल जायेगा ?
आत्मा भी बदल जायेगी ?
हृदय भी बदल जायेगा ?
फिर दोष क्यूँ इसमें नारी का ?

होता है जब कोई पुरूष विधुर,
क्या उसे भी सफेद वस्त्र पहनाते है ?
क्या उस पर भी हजारो प्रतिबंध लगाते हैं ?

विधुर पुरूष का तो हो जाता, , ,

स्वेच्छा से दूसरा विवाह भी।

फिर विधवा नारी पर समाज

क्यूँ बंदिशे लगाता है?

क्यूँ विधवा को समाज

सवालों के घेरे में खड़ा कर देता है?

माना आज समय बदल चुका, पर

कहीं कहीं आज भी नारी बेबस है,

मजबूर और लाचार है।

आज भी नहीं ले सकती अपने फैसले,

नहीं जी सकती अपनी जिंदगी।

वही सफेद साड़ी

और उसमें मौजूद बेबस नारी,

रोक टोक के साथ जी रही है

अपनी जिंदगी।।

शाहाना परवीन 'शान'

नारी द्वारा नारी का सम्मान

गहरे होते जख्म
और गहरे हो जाते हैं
जब नारी को नारी के ही
द्वारा घाव दिए जाते हैं।
जीवन हो जाता मजबूर स्त्री का
जब स्त्री पर स्त्री के द्वारा
आरोप लगाए जाते हैं।

सास भी कभी बहू थी
क्यूँ भूल जाती सास ये बात?
बहू के प्रवेश करते ही घर में
क्यूँ चिंता से भर जाती सास?
बेटा हो गया अब उसका पराया,
पत्नी का बन जाएं ना कहीं गुलाम?
बार बार सोचती रहती मन में,
फिर घबराती है सास?

अगर मन में डर एक माँ के,
क्यूँ की थी शादी बेटे की?
क्यूँ लाई पत्नी उसके लिए?
क्यूँ बसाई गृहस्थी बेटे की?
बहू को समझेगी बेटी
बहू भी समझेगी सासू को माँ।
सास बनकर चलायेगी यदि हुक्म सास

तो बहू भी फिर लेगी बदला।

ननद हो या हो सास
या हो फिर जेठानी, देवरानी।
हैं सभी आपस में,
एक परिवार ही की कहानी।
मिलकर चलता परिवार
आपस में केवल प्यार चाहिए।
चाहे कहें संसार कुछ भी
किसी की बातों में नहीं फिर
आना चाहिए।।

सास, बहू का रिश्ता अनमोल
हृदय से समझना होगा।
दोगे प्रेम, सम्मान तुम रिश्तों को
हर रिश्ता सम्मानित होगा।
रिश्तों की नींव टिकेगी विश्वास पर
संदेह बीच में फिर ना होगा।
प्रेम की धारा बहेगी परिवार में
नारी का हृदय नारी के लिए धड़कना होगा।

शाहाना परवीन 'शान'

इतिहास बदलना

चुप मुझे नहीं रहना ऐसा कुछ कर जाना है
याद रखें सात पीढ़ियाँ इतिहास बदल जाना है।

लोहे से टकराऊगीं उसको भी पिघला दूगीं,
अपने आगे आई हर बुराई को मिटा दूगीं।
अब मुझे डरकर इस जहां से नहीं जाना है
याद रखें सात पीढ़ियाँ इतिहास बदल जाना है।

बिस्तर तक जो समझे सीमित उसको मैं जला दूगीं,
रास्ता रोके राक्षस जो उसको धूल चटा दूगीं।
कैद में अब किसी और की मुझे नहीं रहना है।
याद रखें सात पीढ़ियाँ इतिहास बदल जाना है।

बेटी हूँ परिवार की सम्मान नहीं छिनने दूगीं
पुत्र जैसा स्नेह, दुलार कहीं नहीं जाने दूगीं।
अपने हिस्से का आत्मसम्मान हासिल मुझे कर जाना है,
याद रखें सात पीढ़ियाँ इतिहास बदल जाना है।

चुप मुझे नहीं रहना ऐसा कुछ कर जाना है
याद रखें सात पीढ़ियाँ इतिहास बदल जाना है।

शाहाना परवीन 'शान'

रचनाकार परिचय

रमा त्यागी 'एकाकी'

जन्म तिथि	:	21 मार्च 1961
जन्म स्थान	:	राजा का ताजपुर बिजनौर, यू. पी
पिता	:	श्री सत्यव्रत त्यागी
माता	:	स्व. सरला त्यागी
पति	:	श्री सोम प्रकाश त्यागी
शिक्षा	:	M. A. अर्थशास्त्र, B. Ed.
प्रकाशित पुस्तक	:	अभिव्यक्ति के पंख (एकल काव्य संग्रह)

संप्रति : सेवा निवृत्त शिक्षिका, नोएडा पब्लिक स्कूल, नोएडा में 25 वर्षों तक अध्यापन किया। सेवा निवृत्ति के पश्चात 40 वर्षों के अंतराल के बाद पुनः लेखन आरंभ्भ किया। साहित्यिक पत्रिका पुष्प गंधा, नवोदित प्रवाह एवं अन्य पत्रिकाओं में मुक्तक, ग़ज़ल, समीक्षा एवं कविताओं का प्रकाशन। अपने यू ट्यूब चैनल पर कविता पाठ।

ई मेल : npsramatyagi2013@gmail.com

आवास : J G 2, आदित्य मेगा सिटी, वैभव खंड, इंदिरापुरम, गाज़ियाबाद।

कमजोर नहीं मैं स्त्री हूँ

कमजोर नही मैं स्त्री हूँ, लोहे का सीना रखती हूँ।
जन्मदायिनी हूँ मजबूर नही, हृदय में ममता रखती हूँ।

संपूर्ण नही तुम मेरे बिन, अर्धांगिनी बन मैं रहती हूँ।
वीरों की माँ हूँ मैं, बेटो की शहादत सहती हूँ।

पुष्प सरीखी हूँ मैं, शूलों पर भी चल सकती हूँ।
जीवन देती हूँ फिर भी, जीवन अर्पण कर सकती हूँ।

पिया के घर प्रवेश कर, गृह लक्ष्मी मैं बन जाती हूँ।
घर, आंगन, चौबारे में मैं अन्नपूर्णा कहलाती हूँ।

वक़्त पड़े तो जौहर में रानी पद्मावती बन जाती हूँ।
आज़ादी की जंग में लक्ष्मीबाई बन लड़ जाती हूँ।

मैं लक्ष्मी, दुर्गा, पार्वती घर घर में पूजी जाती हूँ।
मैं गंगा यमुना सरस्वती बन बस चरण पखारे जाती हूँ।

धरती पर पग धरती हूँ मैं एवरेस्ट चढ़ जाती हूँ।
बागडोर हाथों में हो तो इंदिरा मैं कहलाती हूँ।

धरती की क्या बात है मैंने आकाश को नापा है।
हर बाधा को लांघ कर मैं अंतरिक्ष तक जाती हूँ।

✍ रमा त्यागी 'एकाकी'

धान रोपती औरत

मन करता है बैठी रहूँ खेत की मेढ़ पर

देखती रहूँ धान रोपती वो औरतें

जो घुटनों तक पानी मे खड़ी रोपती है

एक- एक पौधा पंक्ति में

जैसे रोप रही हो अपना यौवन

या अपने बच्चो का बचपन।

जो खेल रहे हैं नंगे पैर, नंगे बदन बेपरवाह

ना किसी बात की चिंता

ना किसी बात का भय

खिलखिलाते मासूम चेहरे।

कितना सुकूँ देती है उनकी खिलखिलाहट।

जैसे हंस रहा है तपता सूरज, बहती हवा, झूमते वृक्ष,

जैसे नाच रहा हो तेज हवा के साथ वो धूल का बवंडर

जिसमे दौड़ कर छुप जाते हैं नँग धड़ँग बच्चें।

घर जाकर रात को चूल्हे की बुझी आग में

तेल लगाकर पैरों को सेंकती वो औरतें।

जिन्हें कल फिर रोपने हैं धान उन्हीं खेतो में

जिनमे कल फिर गल जायेंगी पैरों की उंगलियाँ।

फिर रात को दोबारा बुझती आग पर

सेंकनी पड़ेंगी पैरों की गली उंगलियाँ।

आंगन मे बैठी बूढ़ी सास ताना उलाहना देती हुई

भूख से बिलखते हुए बच्चे

थकान से टूटता उसका बदन

और चारपाई पे निढाल थकी पड़ी हुई

वो औरत जिसे अभी एक और भूख मिटानी है
शराब की गंध सहते हुए
उसके जिस्म की
जिसकी औरत है वो।
जिसकी आँखे सूनी हो गई अब
जुबान भी बोलती नहीं कुछ
बस जी रही है इसी उम्मीद में कि
शायद कल ना सेंकनी पड़े वो पैरों की गली उंगलियाँ।

रमा त्यागी 'एकाकी'

| रचनाकार परिचय |

लक्ष्मण सिंह त्यागी 'रीतेश'

जन्म तिथि	:	25 अगस्त 1986
जन्म स्थान	:	बदरिका धौलपुर राजस्थान
पिता	:	श्री रमेश चंद त्यागी (श्री दीनानाथ जी)
माता	:	श्रीमती इन्द्रा त्यागी
शिक्षा	:	एम ए (हिंदी), एम एड
प्रकाशित कृतियाँ	:	एकल संग्रह - सिसकती रातें, जिंदगी के मायने, आईने में तुम, गर्दिशों में हम, साझा संग्रह : आल्हाद, दो अक्टूबर, जन्मदात्री माँ, स्वदेश प्रेम, अनामिका, अनुभूति, पलाश, मेरा गांव, क्षितिज के पार, काव्य शतक, नवसृजन, बेटियाँ, नया भारत
संपादन	:	पंचरतन, कहानियाँ, इन्द्रधनुष, जिद जीत की, दो टूक जिंदगी, उत्तर आधुनिक काव्य, उड़ान, भारत@75, मेरी नजर से, पानी कम है, दीप जलता रहे
संपादक	:	उड़ान (छमाही साहित्यिक पत्रिका)
लेखन विधा	:	कविता, लघुकथा, कहानी, आलेख, निबंध, पत्र साहित्य आदि प्रमुख विधाओं में लेखन।
रचना क्रम	:	विभिन्न राष्ट्रीय पत्रिकाओं में लगभग सौ रचनाएँ प्रकाशित एवं द साहित्य (साहित्यिक पोर्टल) पर नियमित रचनाएँ प्रकाशित।
संप्रति	:	अध्यापन (शास हाई स्कूल धरसोला मुरैना म प्र)
संपर्क	:	बदरिका, धौलपुर (राजस्थान)
ईमेल	:	lstyagi53@gmail.com
दूरभाष	:	7746842196

सृष्टि- रचयिता

मैंने
बचपन में
सुना था
बल्कि
अब भी रोज सुनता हूँ
कि
सृष्टि - रचयिता
ब्रह्मा जी हैं
लेकिन
सच तो ये है कि
औरत
एकमेव रचनाकार है
एक शरीर से
दूसरे शरीर का निर्माण
कोई छोटी नहीं
बल्कि अनोखी घटना है
प्रसव दर्द
को सहना
हर किसी के वश की बात नहीं।

✍ लक्ष्मण सिंह त्यागी 'रीतेश '

सहनशील

सहना

और

कुछ ना कहना

ये सिर्फ

नारी ही कर सकती है

अपनी झोली की

चिंता किए बगैर

बाकी सबकी

झोली भर सकती है

मां बाबूजी

बड़ा भाई

सास ससुर ननद

और तो और

आस- पडोस

गांव वालों तक के

ताने सुनना

और बराबर

सहन करना

बहुत मुश्किल काम है

जिसे नारी आसानी से करती है

सहना।

लक्ष्मण सिंह त्यागी 'रीतेश '

त्याग

अवांछित
वस्तुएँ
तो कोई भी त्याग दे
मुश्किल है
अपनी पसंदीदा
और अत्यावश्यक
वस्तुएँ त्याग देना
जिसे औरत बखूबी करती है
बचपन से
इस गुणानुक्रम में
अपने भाई के साथ
अपना हिस्सा त्यागा
सगे संबंधी परिवारजन
की खातिर
अपना सुख चैन
हंसकर त्याग दिया
कभी कोई शिकायत नहीं
सबकुछ अपना नसीब
मान लिया
बिना कोई सवाल किए।

लक्ष्मण सिंह त्यागी 'रीतेश '

ममत्व

जैसे

होता है अमृत

उससे भी हजार गुना

होता है ममत्व

इसका

कोई मूल्य नहीं होता

ना ही इसे खरीदा

जा सकता

ये तो भाग्य से मिलता है

और इसे देने वाला

होता है स्वयं ईश्वर

अर्थात

मां

नारी का

यही गुण

उसे और भी

महान बनाता है

आओ वंदन करें

अभिनंदन करें

और महिलाओं को

खोया सम्मान

वापस दिलाएं।

✍ लक्ष्मण सिंह त्यागी 'रीतेश '

राजीव कुमार झा

जन्म	: 31 जुलाई 1983, बिहार के पूर्वी चंपारण के सोरपनिया में जन्म।
सम्प्रति	: मोतिहारी में बिहार सरकार के अधीन मुजीब बालिका उच्चतर माध्यमिक विद्यालय में भाषा के शिक्षक के रूप में सेवारत।
गतिविधियाँ	: आर्थिक तंगी का दंश झेलते बच्चों की निःशुल्क शिक्षा के लिए एक कार्यक्रम 'मिशन मुजीब' का संचालन। जिसके अन्तर्गत सरकारी विद्यालयों में अध्ययनरत आर्थिक तौर पर पिछड़े हुए बच्चे निःशुल्क पढ़ सकते हैं। बिहार बोर्ड के बच्चों के लिए उनका एक यू ट्यूब चैनल भी है – 'पढ़े बिहार बढ़े बिहार'।
अन्य	: शिक्षक की सेवा से पहले एक पत्रकार के तौर पर हिंदुस्तान, प्रभात खबर, सर्वोदय, जागृति टाइम्स (सभी हिन्दी दैनिक), बिहारी ख़बर, गाँव कनेकशन, कुबेर टाइम्स, कामता टुडे, नॉर्थ इंडिया टाइम्स (सभी साप्ताहिक), द लाइट ऑफ बिहार, सेवेन डेज (मासिक) पत्र पत्रिकाओं में अपनी लेखनी चलायी।
साहित्य प्रेम	: हमेशा से साहित्य से गहरा जुड़ाव रहा है। अपनी भावनाओं, अपने अनुभव, अपने विचारों, अपनी सोच को शब्दों में, छंदों में, कहानियों में पिरोते रहे हैं, जो अब भी जारी है।
प्रकाशन	: आर्यावर्त, हिंदुस्तान, प्रभात ख़बर, बिहारी ख़बर जैसी कई पत्र-पत्रिकाओं में कविताएं और कहानियाँ प्रकाशित।
प्रकाशित कृतियाँ	: बंद पन्ने (काव्य संग्रह), जीरो नबर (कहानी संग्रह), क्या लिखूँ मैं (काव्य संग्रह)

नारी

सृष्टि की रचना इसी से
संसार भी नारी से है
कौम के खादिम की यह
जागीर भी नारी से है।

यह नहीं अबला रही अब
फक्र से सबला कहो अब

जुल्म से गर कर दिया
ख़ामोश उनको देखना
बोल उठेगी जो तस्वीर भी
नारी सी है..।
इस धरा के एक एक कण पर
जिसका कर्जा है रहेगा
व्योम के नक्षत्र में यह
एक तारा है रहेगा ..
मानवता की रक्षा का
अक्सीर भी नारी से है
कौम के खादिम की यह
जागीर भी नारी से है।

राजीव कुमार झा

नारियां

बदल गया मिजाज़
अब मौसम का है
रुख हवाओं का है बदला
अचंभित मन सबका है

जो कभी पाँवों की पायल
या कभी हाथों का कंगन
जो कभी गहनों से लदती
या पड़ी रहती अकिंचन

अब नहीं वह दौर है
नारियां सिरमौर हैं.

☙ राजीव कुमार झा

आगे बढ़ो आगे बढ़ो

क्या कहें किस से कहें
जो बीता अब वह क्यों कहें

कुछ करें अब कुछ गढ़ें अब
कब तलक बैठे रहें..

आओ फिज़ा पुकारती
मंजिल तुम्हें ललकारती .

अब तोड़ो सारी बंदिशें
मुंह मोड़ लेंगी रंजिशें .

नारी हो तो करो गर्जना
बहुत हुई मिन्नतें अर्चना

तुम रास्ता खुद ही चुनो
आगे बढ़ो आगे बढ़ो

✎ राजीव कुमार झा

▌ रचनाकार परिचय

जया कुमारी

जन्म तिथि	:	05-02-1980
जन्म स्थान	:	दरभंगा
पिता	:	श्री रामचंद्र झा
माता	:	श्रीमती ज्योत्स्ना झा
पति/पत्नी	:	श्री सरोज कुमार झा
शिक्षा	:	M.Sc/B. ed
सम्प्रति / कार्य	:	शिक्षण
लेखन विधाएँ	:	हिंदी/मैथिली

प्रकाशित कृतियाँ : मैथिली साझा संकलन : वाची (मैथिली त्रैमासिक पत्रिका),
मैथिली, जनक नंदनी जानकी, 'अप्पन लेखनी-अप्पन स्वर'
हिंदी साझा संकलन : काव्य प्रणिका, पानी कम है, बेटियाँ, मेरी
माँ मेरे एहसास, लम्हे, नव सृजन, स्वयं की पुकार, नया भारत,
साहित्य दशक, प्रबोधिनी प्रवाह, प्रीत की डगर,

एकल संग्रह : ज्योत्स्ना, शिवा, विजया (सभी काव्य संग्रह)

प्राप्त सम्मान : काव्य प्रणिका सम्मान-2022, मैथिली गौरव सम्मान-2022,
माँ साहित्य सम्मान-2022, पानीदार सम्मान-2022, प्राची
कलमकार सम्मान-2022, प्राची उत्कृष्ट सृजनकार-2022,
नव सृजक सम्मान-2022, प्रीत रचनाकार सम्मान-2022

दूरभाष	:	9117072346
ई-मेल	:	sarojjaya1978@g mail. com

मिट्टी का चूल्हा

मिट्टी के चूल्हे को
निहार रही अपलक स्त्री
देख रही थी रंग चूल्हे का
संग जलती हुई लकड़ी के
इठलाने लहराने लगी थी ज्वाला
जकड़ी हुई उसके आगोश में...

पका रही थी ज्वाला
चूल्हे पर रखे बर्तन में रखी
भोज्य सामग्री को
कभी आँच तेज तो कम कभी
पर कोई शिकायत नहीं थी चूल्हे को...

सोच रही थी
कितना कुछ घटित हो रहा था वहाँ
तरतीबवार और बेतरतीब
हाँ! चूल्हे ने किया हुआ था
मुहैय्या खुद बड़े सलीके से...

तभी अचानक
आ पहुँचा शैलाब शिकायतों का
देखने लगी थी तटस्थ भाव से उसको
गूंज रही थी भारी भरकम कई आवाजें
तनिक भी तमीज नहीं तुझमें

बड़ी बेशर्म और बदतमीज़ हो तुम....

अनुचित शब्दों की एक लड़ी
कोई माला नहीं एक गूँथा हुआ कोड़ा
बरस रहा था लगातार
कर रहा था लहूलुहान
पर संस्कारों का ख़याल करते हुए
लड़ती रही थी खुद से...

मीठी मुस्कान के साथ
बिन किये पापों का दंड भोगने
बंदियों की क़तार में
सहते हुए घोर अपमान
खड़ी रही थी चुपचाप सर झुकाए...

कुछ देर बाद फिर आई लौटकर
देखने उसी चूल्हे को
लकड़ी चूल्हे से अलग थी
ऊपर चढ़ा बर्तन भी
पड़ा था अब ठंडा
सिलसिला जारी था
इच्छा के विरुद्ध
बनाई और थोपी योजनाओं का...

चूल्हे की अभिलाषाओं का केंद्र
कदाचित ऐसा तो ना था

बेरंग सा दिख रहा था चूल्हा
अधबुझी लकड़ी पड़ी थी वहीं तनिक दूर
जिसे नेह पिलाया था चूल्हे ने अपना...

अभी भी थी वह उधेड़बुन में
मैं तो ज्वाले का भला बुरा सोच रही थी
लेकिन क्या उस लकड़ी के बिन
पूर्णता थी चूल्हे में?

पर्याप्तता है अदला-बदली से ही
एक- दूसरे की है निर्भरता
जब बात हो एकत्व की
फिर क्यों भार लगे उपकारों का
प्रतिशोध सतत करता है असंतुष्ट
क्यों ना निभा लें साथ जिंदगी का....

✎ जया कुमारी

छुअन का एहसास

अप्रतिम नर्म छुअन का एहसास
किया था संभावनाओं ने कमाल
टूट गई थी समस्त सीमा रेखाएँ
और वक्र लकीरों का मकड़जाल...

रही थी क़ायम बस लकीर एक
बुनने आशाओं का प्यारा सा जाल
क्या वही भाग्य की रेखा थी सचमुच
समझ रही थी जो वक्त की चाल...

साकार रास्ता ढूँढ रहा था मन
लकीरों के बीहड़ बियावान में
चलकर सवालों की पगडंडी पर
देख रही थी मैं स्वयं ही स्वयं में....

वर्षों बाद वही शब्द गूंजे थे तुम्हारे
दोहरापन झेला था मैंने बारम्बार
आगाह कर रही सिकुड़न माथे की
छली जाएगी क्या तू फिर से इस बार...

कर्म और क़िस्मत की ये गहरी लकीरें
तहत इनके ही तो हैं बिछोह और साथ
समझने लगी मन से मैं हर इंगित तुम्हारा
बढ़ा था हौसला मेरा, फिर वही जज्बात...

रचनाकार परिचय

डॉ. भारती वर्मा बौड़ाई

जन्म : देहरादून, उत्तराखंड

शिक्षा : एम० ए० (हिन्दी साहित्य), बी०एड०, डी०फिल० (शोध द्वारा)

प्रकाशन : दो दर्जन से अधिक एकल पुस्तकें प्रकाशित और 180 से अधिक साझा संकलनों में सहभागिता।

पता : 95, ब्लॉक- H, दिव्य विहार, डांडा धर्मपुर, डाकघर- नेहरूग्राम, देहरादून-248001 (उत्तराखंड)

मो. : 9759252537

ईमेल : bharati.bourai007@gmail.com

सुनो स्त्री!

तुम बेटी थी

अपने माता पिता की

बहन थी अपने भाई बहन की

विवाह हुआ तो बदले

थोड़े से रिश्ते और

जुड़ा नया परिवार भी,

पत्नी बनते ही

बहू/जेठानी/देवरानी/भाभी/चाची/ताई

कितने ही रिश्तों की ओढ़ी जिम्मेदारियाँ

इसी के बीच भरी गोद

बनी अपने

नन्हे बच्चों की माँ,

उन्हें बड़ा करने में

स्वयं अपना जीवन जीने में

किया एक दीर्घ संघर्ष तुमने

कुछ परम्पराओं को स्वीकारा

तो कुछ के विरुद्ध तन कर खड़ी हुई

क्योंकि तुम जानती थी

समय के साथ

बदलना/चलना निहायत जरूरी है,

थोड़ा पुराना थोड़ा नया भी मिलाना

सामंजस्य के लिए करना जरूरी है

तुमने किया,

परिवर्तनों के साथ

अपनों को साथ लेकर चलते हुए
जीवन अपने मनमोहक अंदाज में जिया..... !
आज तुम
फिर उसी जगह खड़ी हो
समय बदला/चेहरे बदले हैं
पर पात्र वही हैं
आज तुम्हारी जगह
तुम्हारी बेटी और बहू हैं
समय के साथ
बदलने को आतुर
कुछ परम्पराओं को साथ लेकर
उनमें अपना कुछ जोड़ते हुए
वे भी जीना चाहती हैं
अपने जीवन को
अपने मनमोहक अंदाज में तुम्हारे साथ,
तुमने जो सहा
वो इन्हें मत सहने दो
उन प्रथाओं, परंपराओं के बोझ तले
अपनी तरह इन्हें मत दबने दो,
रिश्तों की स्वाभाविक सुगंध
करे सराबोर चारों दिशाओं को
तो खोल दो घर के
सब दरवाजे और खिड़कियाँ
जिनमें लगा हैं
तुम्हारे अहं का पहरा....!!
देखना.तुम्हारे रिश्तों की बगिया

कभी नहीं कुम्हलायेगी

तुम्हारी बहू-बेटियाँ

तुम्हारा साथ पाकर

अपने घर-आँगन में सबको रिझायेंगीं....!!!

तब देखना स्वयं ही गर्व से

तुम फूली नहीं समाओगी.....!!!!

परिवर्तन की हवा में

जीना कैसा होता है

तभी समझ पाओगी

जब अपने बच्चों की स्वतंत्रता में

बाधक बने बिना

मुक्त गगन में उन्हें उड़ते हुए

देखने का साहस अपने भीतर

मन से जुटा पाओगी..!!!!!

✑ डा0 भारती वर्मा बौड़ाई

रचनाकार परिचय

प्रीति चौधरी 'मनोरमा'

पति का नाम	:	श्री सुभाष सिंह डबास
पिता का नाम	:	श्री सतेन्द्र सिंह
माता का नाम	:	श्रीमती चंद्रमुखी देवी
जन्मतिथि	:	05 अगस्त, 1985
जन्म स्थान	:	ग्राम राजपुर, पोस्ट मलकपुर (बुलन्दशहर), उत्तर प्रदेश।
सम्पर्क सूत्र	:	9719063393
शिक्षा	:	बी.ए., एम.ए., बी.एड., विशिष्ट बी.टी.सी.
सम्प्रति	:	अध्यापन
एकल कृतियाँ	:	यादों के तरू (काव्य संग्रह), एहसास के पन्ने (काव्य संग्रह), तुम संग, (काव्य संग्रह), माँ कह एक कहानी (कहानी संग्रह)
साझा संग्रह	:	आखर कुँज, स्वरांजलि, रत्नावली, मैं निःशब्द हूँ, हे भारत भूमि, उन्मुक्त परिंदे, नवकिरण, काव्य सृष्टि, शब्दों के पथिक।
सम्मान	:	साहित्य शिरोमणि सम्मान, स्वामी विवेकानंद साहित्य सम्मान, माँ वीणापाणि साहित्य सम्मान आदि प्राप्त।
स्थायी पता	:	ग्राम+पोस्ट लाड़पुर तहसील स्याना, बुलंदशहर (यू० पी०)

बस अब और नहीं...

सविता और सरिता दो बहनें हैं सरिता नाम के अनुरूप मृदुभाषी शांत और शालीन स्वभाव की युवती है, दूसरी ओर सविता चंचल, नटखट और दामिनी की भाँति गर्जना करने वाली। दोनों के स्वभाव विपरीत हैं, किंतु दोनों जुड़वा बहनें हैं। उनके परिवार में माता-पिता और दादा-दादी के अतिरिक्त और कोई नहीं है। दोनों बहनें पढ़ाई में अव्वल हैं। बाल्यावस्था से ही दोनों साथ -साथ पढ़ी हैं। दोनों के चेहरे -मोहरे कद काठी में इतनी समानता है कि अक्सर उनके कक्षा अध्यापक भी भ्रमित हो जाते हैं कि कौन सी सविता है और कौन सी सरिता। धीरे-धीरे दोनों युवावस्था की दहलीज तक पहुँच गयीं हैं।

अब सरिता पाक कला में निपुण और गृह कार्य में दक्ष हो गई है क्योंकि वह माँ के साथ रसोई घर में पूर्ण सहयोग करती है। इसके विपरीत सविता बाहर भीतर के काम में अधिक रुचि लेती है। उसे बाजार से सामान लाना ..बिजली का बिल पे करना और अन्य ऐसी जिम्मेदारियों का निर्वहन करना बहुत अच्छा लगता है। वह घर में जैसे एक बेटे के सभी दायित्वों को पूरा करती है। बाबूजी का राइट हैंड बनकर रहती है। सविता ने मार्शल आर्ट भी सीखी हुई है और वह आत्मरक्षा के सभी गुर सीख चुकी है।

एक दिन सरिता अकेली बाजार जा रही थी, तो कुछ मनचले लड़कों ने चौराहे पर उसे छेड़ना शुरू कर दिया। वे मवाली लड़के वासना भरी नजरों से उसे देखने लगे उसके दुपट्टे को छूने की कोशिश करने लगे, सरिता डरी- सहमी सी दौड़ने लगी। आस-पास भीड़ -भाड़ देखकर लड़के स्वयं ही लौट गए अन्यथा सरिता के साथ कोई अनहोनी घटित हो जाती। सरिता आँखों में आँसू लिए घर आ गई। उसका उदास चेहरा देखकर सविता ने उसे अपने पास बुला कर उसकी व्यथा जाननी चाही, तो सरिता के आँसू सब्र का बाँध तोड़कर बहने लगे और उसने कातर स्वर में कहा -

'आज बाजार में कुछ लड़के अश्लील फब्तियाँ कस रहे थे। क्या लड़की होना अपराध हो गया है ...?'

सविता ने कहा -

'बिल्कुल अपराध नहीं है मेरी बहन, लेकिन हमें समाज के अनुरूप खुद को सशक्त

बनाना होगा। यदि समाज में भेड़िए घूम रहे हैं तो हमें आत्मरक्षा के गुर सीखने होंगे। हमें एक मिट्टी के गोले के समान नहीं बनना है, कि बारिश की चंद बूँदें ही उसका अस्तित्व मिटा दें, अपितु हमें मरुस्थलीय पौधा बनना है, जो प्रत्येक मौसम में स्वयं के अस्तित्व को बनाए रखता है और रेगिस्तान में भी अपनी सुगंध बिखेरता है। खुद को सूरज बनाओ, ताकि कोई भी तुम्हें नजर भर देखे तो उसकी आँखों में से स्वतः ही पानी आ जाए ..'

और फिर अगले दिन सरिता के सादगी भरे परिधान पहनकर सविता बाजार के लिए निकली। उसने बिल्कुल सरिता के जैसी ही अपनी बालों की वेणी बनाई हुई है। जैसे ही वह चौराहे के उस मोड़ पर पहुँची जहाँ वे आवारा लड़के सरिता को छेड़ रहे थे, तो उसे आज भी तीन-चार ऐसे ही लड़के वहाँ नुक्कड़ पर दिखाई दिए। जिस तरीके के नैन नक्श सरिता ने वर्णित किए थे, इन्हें देखकर ऐसा ही प्रतीत हो रहा था कि यह कल वाले वही लड़के हैं, जो सरिता को बीच बाजार परेशान कर रहे थे। सविता की मुट्ठी बंध गई। आग्नेय नेत्रों से वह सड़क से गुज़रने लगी। कुछ देर तक उसने डरे- सहमे होने का अभिनय किया। लड़के सविता को सरिता समझ कर उसका पीछा करने लगे।

सविता भी उन से डर कर भागने का उपक्रम करती हुई उन्हें एक एकांत जगह पर ले गई, जैसे ही लड़कों ने उसका हाथ छूना चाहा, सविता ने अपने हाथों की मुट्ठी बनाकर एक जोरदार मुक्का हाथ बढ़ाने वाले लड़के के मुँह पर जड़ दिया। जिससे उसके दाँत में से खून निकल आया। बाकी तीनों लड़के आश्चर्यचकित रह गए, कि आखिर कल तक इतना डरने वाली लड़की एकदम से इतना साहसी कैसे हो गई। सविता ने शेरनी की भाँति गर्जना करते हुए कहा -

'क्यों हम लड़कियों को कमजोर समझते हो तुम लोग..? क्यों अपनी हरकतों से बाज नहीं आते हो ..? क्यों कमजोर का फायदा उठाना चाहते हो ...जिस मासूम लड़की को तुम कल छेड़ रहे थे ना, वह मेरी हमशक्ल बहन सरिता है। उसी का बदला तुमसे लेने के लिए आज मैं बाजार आई हूँ। आगे से किसी भी लड़की को छेड़ने का दुस्साहस नहीं करोगे। '

ऐसा कहते ही वह शेरनी की तरह उन चारों पर टूट पड़ी। अपने पैर की ठोकर से उसने उनकी मर्दानगी को ललकारना शुरू कर दिया। उसका रौद्र रूप देखकर चारों भाग निकले, किंतु सविता ने उन चारों के बदन पर अपने मार्शल आर्ट के हुनर को आजमाना शुरू कर

दिया। और अंत में उन्हें पुलिस के हवाले कर दिया अब वे स्वप्न में भी किसी लड़की से बदतमीजी करने के विषय में नहीं सोचेंगे। साथ ही साथ उन्होंने अपने दुर्व्यवहार के लिए सविता से हाथ जोड़कर माफी भी माँग ली।

और फिर सरिता के लिए भी सविता ने मार्शल आर्ट की क्लास ज्वाइन करा दी। अब दोनों बहनें आत्मरक्षा के गुर सीख चुकी हैं, और मोहल्ले का कोई भी मनचला उनकी ओर निगाह उठाकर भी नहीं देखता है।

अब उन दोनों ने मन में ठान लिया है कि बस अब और नहीं अबला होने का दंश उन्हें सहन करना है...बस अब और नहीं यातना और अत्याचार सहन करना है...

प्रीति चौधरी 'मनोरमा'

रचनाकार परिचय

चतरसिंह गेहलोत

जन्म	:	01 जुलाई 1975
जन्म स्थान	:	बादपुर जिला मंदसौर मध्य प्रदेश
कार्यक्षेत्र	:	निवाली जिला बड़वानी मध्य प्रदेश
माता	:	श्रीमती मांजु बाई गेहलोत
पिता	:	श्री प्रेमसिंह गेहलोत
शिक्षा	:	डीसीए, डीएड, भाषा में स्तरातकोत्तर
सम्प्रति	:	प्राथमिक शिक्षक बड़वानी मध्य प्रदेश
लेखन विधाएँ	:	पद्य/ गद्य
प्रकाशित कृतियाँ	:	दिव्य सफलता की कहानियां
साझा संग्रह	:	प्रेम एक विश्वास, नया भारत, नन्हे कदमों की उड़ान,
सम्मान	:	शिक्षा शिरोमणि सम्मान, आदर्श शिक्षक सम्मान, कर्मयोद्धा सम्मान, दिव्यांग रत्न सम्मान, राज्य स्तरीय शिक्षक सम्मान
सम्पर्क	:	9993803698

बिंदिया

बिंदिया लोक व्यवहार है,
बिंदिया है तो पूर्ण श्रंगार है।
बिन्दिया शक्ति का प्रतीक है,
बिंदिया सामर्थ्य का आधार है।

संसार गोल मोल बिंदिया का रुप है।
संसार उत्पत्ति से पूर्व एक बिंदिया ही था।
प्रलय के बाद पुनः बिंदिया ही बन जाएगा।
ब्रह्मांड का सुक्ष्म कण भी बिंदिया का साकार आकार है।

बड़े-बड़े ग्रह, उपग्रह
बिंदिया का ही स्वरूप है।
या यूं कहूं कि सूर्य बिंदिया है,
चंद्रमा एक बिंदिया है।
सब प्रकृति के बिंदिया रुपी अलंकार है।

आओ हम सब मिलकर
बिंदिया का मान करें।
बिंदिया जीवन का आधार है
इसका सम्मान करें।

चतरसिंह गेहलोत

नारी तुम केवल श्रद्धा नहीं

नारी तुम केवल श्रद्धा नहीं
तुम शक्ति का आधार हो।
तुम ही से सारा जग संचालित
तुम्ही जगत का व्यवहार हो।

राम की शक्ति साधना तुम।
कृष्ण की दिव्य वंदना तुम।
शंकर का रुप तांडव तुम।
ब्रह्मा का वेद विज्ञान तुम।

फिर कैसे तुम अबला हो।
प्रेम तुम्हारा हर किसी को
धनवान बना देता है।
जहां तुम होती हो
वही वैभव सारा रहता है।

तुमको पाकर ही शंकर
गौरी शंकर बन जाते हैं।
तुमसे ही श्रीं हरि नारायण
लक्ष्मीनारायण कहलाते हैं।

चतरसिंह गेहलोत

तुम्ही हो

प्रेम के वश में तुम्ही हो,
प्रेम के रस में तुम्ही हो।
तुम्ही शक्ति, तुम्ही साधना हो
तुम्ही स्वर, तुम्ही संगीत हो।

राधा का निश्चल भाव तुम्ही हो।
यशोदा का वात्सल्य स्वभाव तुम्ही हो।
तुम्हीं रणचंडी, दुर्गा का रूप तुम्ही हो।
मोह वश अर्जुन का जगा साहस तुम्ही हो।

आना, एक बार आना,
हां तुम मेरे मन मंदिर में आना।
तुम बिन में कुछ भी नहीं।
मेरी श्रद्धा, मेरा विश्वास तुम्ही हो।

मेरी आराधना मेरी साधना,
तुम्ही मेरी भव भय भंजना।
मेरा जीवन मेरा सामर्थ्य तुम्ही,
मेरा जीवन अस्तित्व तुम्ही हो।

चतरसिंह गेहलोत

दर्द का अहसास

ठहर इतनी
जल्दबाजी ना कर,
अभी तेरे दर्द का हिसाब लिखना है मुझे।
जरा सोच कैसे गुजरा होगा वो मंजर मेरी आंखों से,
उसका जवाब लिखना है मुझे।

तू तो छलिया है ना
छल करके भूल गया होगा।
वो दर्द से कांपता हुआ स्वर तुझे
भला अब तलक कहा याद रहा होगा।
बस उसी दर्द का एहसास दिलाना है तुझे।

तूने सोचा ना होगा
एक बार वक्त का पहिया
घूम कर फिर वही पर आएगा
चल उठ दर्द सहने की तेरी बारी है
सिसकियां भर भर रोना है अब तुझे।

जो जैसा करता है
वैसा ही फल पाता है।
विधि का यही विधान है
रात के बाद ही दिन आता है।
तू भूल गया यही याद दिलाना है तुझे।

चतरसिंह गेहलोत

रचनाकार परिचय

सारिका बिस्सा

जन्म तिथि	:	4 मई 1979
जन्म स्थान	:	बीकानेर
पिता	:	श्री गणेश दास व्यास
माता	:	श्रीमती राजकुमारी व्यास
शिक्षा	:	स्नातकोत्तर संगीत(कंठ) एवं हिन्दी साहित्य
प्रकाशित कृतियाँ	:	भारत@75, मरु नवकिरण, पुष्करणा संदेश, उन्मेष, कलमकार, बालोदय आदि में प्रकाशित कविताएं एवं आलेख।
लेखन विधा	:	गद्य व पद्य।
उपलब्धियाँ	:	आकाशवाणी की सुगम व लोक संगीत गायिका एवं Etv राजस्थान से प्रसारित कार्यक्रम सुरिलों राजस्थान में प्रस्तुति। कोलकाता, बिकानेर, जबलपुर, जोबनेर, जोधपुर, जयपरआदि क्षेत्रों में विभिन्न सांस्कृतिक प्रस्तुतियां। मुख्य वक्ता एवं ज्यूरी के ओहदे पर भागीदारी एवं कई कार्यक्रमों में विभिन्न संस्थाओं द्वारा सम्मानित आदि।
संपर्क	:	98, अंजनी अपार्टमेंट, 4th Floor, शिव विहार समिति Vkia, Road No. 5, जयपुर (राजस्थान) 302039।
ईमेल	:	sarikabissavyas@gmail.com
दूरभाष	:	9529103535

कोमल हूँ ; कमज़ोर नही

कोमल दरख्तों से

आती है आवाज

ज़रा मुझे भी चहकने दो

ज़रा मुझे भी महकने दो।

पर्दें का बोझ उठाया अब तक

हया अब सिर्फ मेरी

आँखों में ही रहने दो।

ना करो भेद मेरी हस्ती का

आज़ादी दो मुझे भी

मेरी अभिव्यक्ति का

भरोसा ना शर्मिन्दा करूंगी तुम्हारा कभी

ऐतबार करो कभी मेरा भी।

चूड़ी की खनक से,

ज़िन्दगी की सरगम

गुन सकती हूँ।

कमज़ोर नहीं

मैं शक्ति हूँ।

युग परिवर्तन और राष्ट्र का

नव-निर्माण कर सकती हूँ।।

✎ सारिका बिस्सा

माँ ईश्वर का रूप

जिसके होने से रोशन होता है, हमारा घर-संसार।

जिसके होने से महकता है,

हमारा घर-बार---।

जो नींव है हमारे संस्कारों की,

जो रफ्तार है ₹

धरती से आसमाँ तक,

भरती ऊँची उड़ानों की।

जो धड़कन है ₹₹

जान है हमारी।

हौंसला है वो,

पहचान है हमारी---।

'माँ' नही पूरा जहान है वो---

धड़कनों मे धड़कने वाली

एक जान है वो----।

ईश्वर ना आ सकते थे

धरती पर जगह-जगह

माँ रूप में ईश्वर की

एक पावन पहचान है वो।

बेटी बनकर आई तुम्हारी

तुम हो मैया प्यारी जी।

धन्य हुई मैं तुमको पाकर

ये जिंदगी तुमपे वारी जी।

✍ सारिका बिस्सा

मैं

मुक्त
उन्मुक्त
विरक्त
बही
जलधारा-सी
स्वच्छंद
नही
परतन्त्र
कभी
कल थी
ना कभी
भी रहूँ
विस्तृत
नभ में
लूँ उड़ान
परिंदों सी
लूँ पंख-पसार
आज मैं देखूँ
आर या पार
मिटा के सारे
ये मनभेद
बनूँ मैं
निश्छल
शांत

अशेष

सुकोमल

सुहृदयी

उन्मेष

भाव-भावेश

राग-रागेश

भाग-भागेश

कल्प-कल्पेश

रहूँ चिर

जब हो जाऊँ

शेष--------।

✎ सारिका बिस्सा

रचनाकार परिचय

सीमा शुक्ला 'चाँद'

जन्मतिथि	:	31/03/1979
पिता	:	श्री बाल मुकुन्द शुक्ला
माता	:	श्रीमती शोभा शुक्ला
शिक्षा	:	एम फिल (अंग्रेजी साहित्य), स्नातकोत्तर (तीन विषयो मे अंग्रेजी साहित्य, हिन्दी साहित्य, समाजशास्त्र) एल एल बी, बीएड, स्लेट (अंग्रेजी साहित्य)
सम्प्रति	:	सहायक प्राध्यापक (अंग्रेजी)म प्र उच्च शिक्षा विभाग
संपादन	:	'मिल्टी डिसिपिलिनरी रिसर्च डाइमेन्सन' मे सह संपादक, 'ई लर्निंग इन 21 सेन्चुरी' मे सह संपादक, 'रिसर्च एंड पब्लिकेशन इथिक्स में सह संपादक, डिसकोर्स एनालिसिस आँफ द अर्ली वर्क आँफ झुम्पा लेहरी, अचबे एण्ड देसाई इको क्रिटिसिजम, फेमीनिज्म इन पी बी शैली एण्ड जयदेव पोयटरीस, द रिसर्च केटेलिस्ट इ जर्नल, सह लेखक पी.एच.डी. एन्टरेन्स गाईड
प्रकाशित कृतिया	:	अंग्रेजी भाषा में प्रकाशित : कहानी संग्रहः 'द ब्लासम' में एक कहानी, काव्य संग्रहः 'द फ्लाइंग पोईटिक्स' में एक कविता
हिन्दी भाषा मे	:	काव्यमंजरी, मातृछाया, उडान, नवसृजन, आत्मजा, मेरी नजर से, भारतनामा, भारत@75, अमर जवान
वर्तमान पता	:	अंग्रेजी विभाग श्री निलकंठेश्वर शासकीय पोस्ट ग्रैजुएट महाविधालय खंडवा म. प्र.
स्थाई पता	:	सी वही रमन वार्ड बारापत्थर सिवनी म प्र 480661
फोन न.	:	7000403106, 9584678031

रिवाज

आज हुआ है ब्याह, बजी है किसी घर आँगन शहनाई,

बेटी को जन्म लेते ही, कहा लोगो ने ये तो होती है पराई।

दो दो घरो कि लाज रखे वो, उसकी छत कही ना पड़ती दिखाई।

नहीं शौक था चूड़ी कंगन का, तब भी बिंदिया पायल उसे पहनाई।

हुई बड़ी वो चाहे बनना अफसर, अक्सर अफसर से कर दी उसकी सगाई।

गले में डाला धागा काला, मांग सिंदूरी उसकी रिवाज ने सजाई।

होता रहा कितना कुछ उसके जीवन में, बस उसकी इच्छा कि नहीं हुई सुनवाई।

कभी रिश्ते की जंजीर दिखा दी, कभी समाज की दी दुहाई।

कँही कभी जो छूटा हमसफर, तोहमत भरपूर उसी पर लगाई।

छीन लिया वो सिंदूर बिंदिया, रंगो को भी ना छू पाए उसकी परछाई।

एक वो हमसाया था जिससे जुड़, दो जिस्म एक जान कहलाई।

जिसके लिए अनमने मन, पहनी थी बरबस चूड़ी बिंदिया पायल भी छनकाई।

ढाल लिया जब खुद को इसमें, खुशियो ने फिर जीवन मे जगह बनाई।

समझ ना पाए आज ये मन, किसने और क्यों ये रीति बनाई।

जिनको एक जान है माने, उन्हें दुनिया क्यों देती अलग होने कि दुहाई ?

जब वो एक दूजे में बसते, फिर क्यों छिने उनके संग होने की जो चीजे थी पहनाई।

इतना बांध दिया है उसके मन को, वो अपना जीवन ही पूरा बिसराई।

सीमा शुक्ला 'चाँद'

नया सफर

शुरू एक सफर चलो खुद के साथ आज अभी इस वक्त करूँ।

चार अनजान गुमनाम लोगो के तानो से ना अब डरूँ।

अपनी खुशीयों को कुछ पल सही प्राथमिकता पर धरू।

जीवन जो मिला मुझे थोड़ा सा खुद पर भी खर्च करूँ।

एक बेटी हूँ जिम्मेदारी हर वक्त काँधे पर दो घरो की धरू।

जीवित दिखूँ खूब सतह से अपनी ही खुशियों पर हर पल मरूँ।

आज करनी है अपने मन की चलो थोड़ी सी ही अपनी मन की करूँ।

नहीं लगाना मुझे मुखौटा कोई जैसी हूँ वैसे ही पांव गगन पर धरू।

एक आईना मेरे घर भी हैं तेरी नज़रो का क्यों एतबार करूँ?

अपनी नज़र में मैं इकलौता फिर क्यों कर कोई श्रृंगार कँरू?

अपने मन को कर उत्साहित आज अपने सब मैं घांव भरूँ

ना कि है जब कोई गलती फिर दुनिया से क्यों सदा डरूँ?

आज मुझे है ज़रा देर से उठना निद्रा का ना मैं स्वांग करूँ।

कर कर के इच्छा सभी की पूरी मन बन गया है मेरा मरूँ।

सभी की पीड़ा हरती हूँ हर पल आज ज़रा खुद की पीड़ा हरूँ।

शुरू एक सफर खुद के साथ चलो आज अभी इस वक्त करूँ।

सीमा शुक्ला 'चाँद'

घर नहीं होता

कहने को मिलते हैं दो मुकाम जन्म से,
ढेहरी के उस ओर अपना एक भी घर नही होता।
बचपन माँ बाप के मार्गदर्शन में बीता,
जवानी बुढ़ापा पति बच्चो को खुश रखने मे सदा खोता।

बेटे ही चाहते हैं बोना हम सब भी अक्सर,
कोई चाह कर भी एक बेटी कभी क्यों नहीं बोता?
होती हैं वो अमानत गैर की यह कहकर पिता,
उस जीव को निर्जीव सा क्यों हर घड़ी संजोता?

चाहती है उड़ना वो भी खुले आसमान पर हर पल,
कन्यादान दे देती क्यों बेड़ियों को न्योता?
अन्नपूर्णा बन जाती है अपने गैरो के लिए जो,
फिर अपना उनका बाकी कोई क्यों स्वाद नहीं होता?

हैं हिसाब हर कामगार का यहाँ उनके वेतन के रूप में,
इनके हर काम पर बस क्या कर्तव्य का सरोता?
जिन्दगी मे मिलते हैं दो घर उसे हमेशा,
गौर से देखो किसी कोने में उसके अधिकार का क्यों वो स्वर नही होता?

कहते है दे दी है हमने उसे उसके मन पसंद की जिन्दगी,
उसके जीवन में छूट देने का ये हूनर क्यों तू ही है संजोता?
होती गर बराबरी तेरे मेरे घर के बेटे और बेटियों में,
बेटो को कोख में मरने का क्यों वो डर नहीं होता?

होता है अधिकार उन्हे छूट देने का जो मिला है तुझे,

तुझ पे उन पाबंदियो का क्यों जिक्र नहीं होता?

बेटी ही क्यो बदलती हैं चौखटे सदा यहाँ?

होता हो पुत्रदान भी कही कभी ऐसा कोई क्यों शहर नहीं होता?

जीवन भर समर्पण के बाद भी है दर बदर,

बेटियों का निश्चित क्यों एक दर नहीं होता?

अपने से भी ले सकती हैं वो निर्णय सभी कभी,

बिन पूँछे किसी से क्यों शुरु उनका कोई सफर नहीं होता?

— सीमा शुक्ला 'चाँद'

बेटी या उपहार

छलक रहा है हर घर आँगन आज बेटियों के लिए प्यार।

कौन लोग हैं फिर वो सारे जो कोख में रहे उसी बेटी को मार?

कहते हैं बेटी से ही होता है उजियारा हर एक घर का द्वार।

फिर उस बेटी की किस्मत में क्यों बस होता है अंधकार?

बेटे और बेटी को एक बराबर जब रखता है ये संसार।

बलात्कार की दोषी फिर बस बेटी कहलाती हरबार।

आज भी क्यों बेटी को माँ बाप करते पराया धन सा ही बस स्वीकार?

उसके किए हर सेवा कार्य को भी फिर क्यों नहीं कर पाते हैं अंगीकार?

नहीं माँगती कभी समानता या बेटे होने का बेटी कोई भी अधिकार।

उसके अपने सपनो की सीमाएँ भी फिर क्यों सिखलाए सदा घर परिवार?

मेरी बेटी जान है मेरी कह रहा है हर अखबार।

फिर ये किसकी बेटी जली है किसकी बेटी हुई लाचार?

बेटी को बस माना हमने दो दहलिजो को सजाने का उपहार।

जिस दिन बेटी बन जाएगी सच में जीवन मना लेना ये त्योहार।

बुरा नही है एक दिवस में किसी रिश्ते का महत्व समझाए हरबार।

पर क्या उपयोगिता उस दिवस की जहाँ केन्द्र ही हो एक भार?

✍ सीमा शुक्ला 'चाँद'

आशुतोष कुमार

पद	:	शिक्षक(बेसिक शिक्षा विभाग उत्तर प्रदेश)
मो०न०	:	9838332986
ईमेल	:	ashurag77@gmail.com
पता	:	नई तहसील विराट नगर फतेहपुर (उ०प्र०)
प्रकाशित रचनाएं	:	प्राइमरी की साहित्य शाला, मानस कविता, संस्कार न्यूज (डी०डी०भारती), दि साहित्य, सृजन आस्ट्रेलिया, रंगीतिका ई पत्रिका, दि ग्राम टुडे (देहरादून), नन्ही दुनिया का जादुई सफर, अंतर्मन की गूँज, आषाढ़ के बादल, धागों का त्योहार
उपलब्धि	:	श्री कृष्ण लीला बुक(इंटरनेशनल बुक ऑफ वर्ल्ड रिकॉर्ड में सम्मिलित) मानस रत्न सम्मान 2020, उत्कृष्ट नवाचार शिक्षक पुरस्कार 2021, अमृत महोत्सव साहित्य सम्मान, रक्षाबंधन साहित्य सम्मान

मोरी बिंदिया

बिंदिया रे बिंदिया ओ मेरी बिंदिया,

सलामत रहे मोरा सजना ओ मेरी बिंदिया।

बिन तोरे अधूरा लगे रे मोरा श्रृंगरवा,

रहना साथ हरदम ओ रे प्यारी बिंदिया।

हर रंग तोरे रंग में साजे,

मन ही मन मोरा हृदय नाचे।

तुझ बिन न जिया लागे,

झूठे लगे सारे कसमें वादे।

बिंदिया रे बिंदिया ओ मेरी बिंदिया,

सलामत रहे मोरा सजना ओ मेरी बिंदिया।

किस्मत से मिले सबके तू रे ओ बिंदिया,

लाज रखना प्रेम रखना ओ मेरी बिंदिया।

बिन तोरे राधा भी रह गई दिवनिया,

काट पूरा जीवन वो तो हो गई किशनिया।

सजना बिन कैसे होगा मोरा जीवनवा,

रंग मोरा बनाये रखना ओ मोरी बिंदिया।

बिंदिया रे बिंदिया ओ मेरी बिंदिया,

सलामत रहे मोरा सजना ओ मेरी बिंदिया।

✎ आशुतोष कुमार

निंदिया

बिटिया ओ री मोरी प्यारी सी बिटिया,

निंदिया रे ओ री प्यारी आ जा रे निंदिया।

सुख के सपनवा से आये रे तोके प्यारी-प्यारी निंदिया,

सो जा रे सो जा ओ री प्यारी सी गुजरिया।

मैया तेरे खातिर रे रे गाये प्यारी लोरिया,

सो जा रे सो जा ओ री प्यारी सी गुजरिया।

छमक-छमक बजे रे तोरी पैजनिया,

मैया तोरी राति भर खोये रे प्यारी अपनी निंदिया।

चन्दा के जैसन लाऊंगी तोरे खातिर खिलौना,

हर पग हर डगर ताके बस तोके ही रे नैना।

रात घटा जग में काली होय,

फिर तोके कहे न आये निंदिया।

बिटिया ओ री मोरी प्यारी सी बिटिया,

निंदिया रे ओ री प्यारी आ जा रे निंदिया।

सो जा रे सो जा रे ओ री मोरी सोन चिरैया,

आ जा आ जा आ जा प्यारी सी निंदिया।

आशुतोष कुमार

सजनी

मेरी सजनी की है अलग ही बात,
वो करती है पहले ही शुरुआत।
मेरी सजनी बोलती है,
सुख में वो मुझको तोलती है।
मेरे जीवन की है पहली डोर,
मेरा मन हारा है जिसकी ओर।
खुशियों की लाती है वो बरसात,
दुःख को भी दे जाती है वो मात।
मेरी सजनी बोलती है,
सुख में वो मुझको तोलती है।
जब जब हो मन मेरा उदास,
उसको हो जाता है पहले ही आभास।
मेरी सजनी बोलती है,
सुख में वो मुझको तोलती है।
देखा है इस जीवन में यार,
सजनी के बिन न है दिन न रात।
ढूँढ लो चाहे जितने संसार,
नही मिलेगा सजनी के जैसा प्यार
मेरी सजनी बोलती है,
सुख में वो मुझको तोलती है।

✎ आशुतोष कुमार

इवा (मेरी नन्ही परी)

इवा है मेरी नन्ही सी गुड़िया,

पैदा होने से जिसके आयी हैं खुशियाँ ही खुशियाँ।

देखा था सबसे पहले जब उसका परी सा चेहरा,

बन गया था जीवन का उससे सबसे रिश्ता गहरा।

नही पता था इतनी सुंदर ईश्वर देगा मुझको बिटिया,

जो रोशन कर देगी मेरी अँधेरेपन की बेजान दुनिया।

इवा है मेरी नन्ही सी गुड़िया,

पैदा होने से जिसके आयी हैं खुशियाँ ही खुशियाँ।

हर दिन-रात बस उसकी हँसी को आतुर रहता हूँ,

ऐसे लगता है जैसे उसमे अपना बचपन खोजता हूँ।

बेटियों के होने से सारा संसार चमकता है,

न हो बेटियाँ जिस घर में वो घर शमसान लगता है।

हृदयतल से मैं अपने जज़्बात बतलाता हूँ,

बेटी ही है आज और कल ये बात समझाता हूँ।

ईश्वर का शुक्रिया दिन-रात प्रकट करता हूँ,

खिला दिया जो सुंदर फूल मेरे आँगन में आभार करता हूँ।

इवा है मेरी नन्ही सी गुड़िया,

पैदा होने से जिसके आयी हैं खुशियाँ ही खुशियाँ।

✎ आशुतोष कुमार

रचनाकार परिचय

नागेश सू. शेवालकर

हिंदी साहित्य	: प्रकाशित रचनाएं...
साझा कथासंग्रह	: अल्फाजोंकी उड़ान, किलकारी, Still I Rise, कथासागर, विविधा-1, भारत के नवरत्न, Bunch of emotionas, भारतनामा, सारंग इंडिया, 21वी सदी के 11 हिंदी कहानीकार, विविधा-2, भारत @ 75' पार्ट -2, प्यार का जन्म, अवंति
हिंदी संग्रह	: संग संग आया, कोरोना का साया, गैसबाला,
हिंदी उपन्यास	: समूभैया, मैं एक आधा अधूरा
साहित्य सन्मान	: डिजिटल प्रकाशन का 'साहित्यरत्न २०२१' पुरस्कार से सम्मानित, श्रीहिंद प्रकाशन की ओर से आयोजित कहानी प्रतियोगिता में चुने गए पचास कहानियों में कहानी का समावेश, 'बरसात की खट्टीमीठी यादें' कहानी का 'कहानियां' साहित्य संस्था की ओर से पहले पाँच कहानियों मे समावेश, काव्यदीप दिवाली संस्करण 2021 'साहित्य सन्मान 2021', प्राची डिजिटल पब्लिकेशन द्वारा 'भारतनामा लेखक 2022' उपाधि से सम्मानित, 'आजादी का अमृत महोत्सव' के अंतर्गत प्राची डिजिटल पब्लिकेशन की ओर से 'भारत @ 75' पार्ट -2 एंथोलॉजी पुस्तक में प्रकाशित रचना के हेतु OMG Book of Record 2022, श्रीहिंद प्रकाशन की ओर से आयोजित हिंदी कहानी राष्ट्रीय प्रतियोगिता में 'व्याकुल पिता' इस कहानी को प्रथम स्थान प्राप्त होते ही पुरस्कार के रुप में श्रीहिंद प्रकाशन की ओर से 'समूभैया' और 'मैं एक आधा अधूरा' प्रकाशित।

बजाओ रे, पोती हुई...

'लड़की हुई है...'

यह सुनते ही मेरे शरीर में कुछ घंटों से जो वेदनाओं का लावा उछल रहा था, वह अचानक शांत हो गया। आनंद और शांति की शीत लहर पूरी शरीर में दौड़ने लगी। मेरी आंखों से आंसुओं की बाढ़ बहने लगी। किसी के हाथों का स्पर्श दोनों गालों पर हो रहा था। बिना आंखें खोले मैंने समझ लिया कि यह हाथ मेरी माँ के हैं... सासू मां के ! मैंने कृतज्ञतापूर्वक उन हाथों पर मेरे हाथ रख दिए।

'बेटी, तू जीत गई। सचमुच आज बड़ा खुशी का दिन है। तुमने मुझे दादी बनने का सौभाग्य दिया। ...' सासू मां कह रहीं थीं, तभी नर्स ने कपड़े में लिपटी हुई मेरी धन-दौलत को बाजू में रख दिया। मैंने उस प्यारी सी, नन्ही सी गुड़िया को देखा तो मेरे शरीर में अनजान सा कुछ बहने लगा। मैंने अपने होंठ उसके गालों पर रख दिए तो लगा सारी दुनिया की दौलत मेरे आगोश मे है। दूसरे पल मुझे कुछ याद आया...

उस दिन सुबह उठते ही मेरा जी मचलने लगा। ऐसा लग रहा था कि, जैसे उल्टी होने वाली हैं। तभी मै भागती हुई स्नान गृह मे गई और दो पल में उल्टी हो गई। जैसे ही मैं बाहर आई, मेरी सास मेरी ओर अलग नजरों से देखने लगी। मेरे पीछे कमरे मे आकर उन्होंने कहा, 'क्या हुआ ? रात में कुछ ज्यादा खाया था ?'

'नही तो। शायद एसिडिटी बढ गई हैं। '

'नही, बहू। यह एसिडिटी नहीं हैं। शायद तुम माँ बनने वाली हो...। ' यह बात सुनकर मै फुला नही समाई। तभी सास ने कहा,

'बहू, मुझे पोता चाहिए। ...' सास के कहने का मतलब कुछ अलग था।

'क्यों पोती...' मुझे बीच में रोककर सास ने कहा,

'मुझे पोती नही चाहिए। डॉक्टर के पास जाकर जाँच करो। लडकी का गर्भ हुआ तो तुरंत गिरा दो...' कहते हुए वे बाहर चली गई लेकिन मेरे लिए बहुत सारे प्रश्न छोड गई। वैसे तो मैंने एक बडी खुशखबरी दी थी लेकिन सासू जी के कारण कोई खुशियाँ भी नहीं मना रहा था। घर में मायूसी छाई थी। सासू जी, मेरे ससुर जी और पति सभी से 'लडकी नही चाहिए'

यह रट लगा रही थी। उनका मन बना रही थी। एक बात बार बार कही जाए तो सुनने वाला उस बात का समर्थक हो जाता है। मेरे पति और ससुर जी के साथ ऐसा ही हुआ। वे दोनों सासू जी का साथ देने लगे। उस दिन सुबह मैं बिस्तर से उठ रही थी, तभी पति ने कहा, 'जाँच के बारे में क्या सोचा है?जल्दी से जाँच करेंगे और बच्ची हुई तो...' कहते हुए वे रूक गए।

'बच्ची हुई तो... क्या?' मेरी आशंका सामने आते देख पूछा।

'सुनो। शांति से सोचोगी तो तुझे माँ की बात ठीक लगेगी।'

'नहीं। मैं न तो जाँच कराऊँगी और न तो लडकी का गर्भ गिराऊंगी...' ऐसा कहते हुए मैं बाहर आई। सासू जी पूजा में मग्न थी।

उस दिन सुबह की बात है। मैं रसोई में चाय बना रही थी। तभी बाहर बैठी सासू जी ने कहा,

'क्या सोचा है रे? बहू मानती है की नही?'

'नही माँ। वह जाँच का सख्त विरोध कर रही हैं।'

'तो फिर तुम भी सख्ती से पेश आओ ना। तूने हाथों में कंगन थोडे ही पहन रखे हैं। उसे गालियाँ दे, मार दे। लेकिन उसे जाँच के लिए तैयार कर।' सासू जी कुछ कठोर शब्दों में कह रही थी। तभी मैनें चाय लेकर वहाँ पहुंच कर कहा,

'सासू मां, मैं बार बार कह रही हूँ कि, मैं जाँच नही करुंगी। मुझे मेरे गर्भ का खून नही करना है। मैं, मेरी बातों पर कायम हूँ। माँ जी, 'पहली बेटी, धन की पेटी' होती है...

मैं समझ नहीं पा रही हूँ कि, लडकी के लिए आपका इतना विरोध क्यों है? आप एक संस्कारी, पूजापाठ करने वाली स्त्री होकर भी ऐसी बाते कर रही हो। अगर आपको पोती नहीं चाहिए तो ठीक है, उसके साथ मेरा भी गला घोंट दीजिए। नहीं तो मैं घर छोडकर जाती हूँ। सासू.माँ, एक बात सोचिये, अगर सभी परिवार गर्भ में ही बच्चियों का गला घोटकर सिर्फ लडकों को जन्म देते रहेंगे तो बच्चों की शादी किस के साथ होगी?'

'समाज का ठेका मैनें नही लिया है। मैं बस इतना जानती हूँ, इस घर में लडकी नही जन्म लेगी।'

'अपने परिवार की बात तो सोचे... अगर आपके कहने पर मैने लडके को जन्म दिया

और समाज में हर कोई लडकियों का गर्भ निकाल फेकेंगा तो आपका पोता किस के साथ शादी करेगा? क्या कोई लडका दूसरे लडके के साथ शादी कर सकता हैं?... मैंने देखा सासू जी कुछ सोच में है। मैंने आगे कहा,

'माँजी, आप एक महिला है। जब आप आपकी माताजी के कोख मे थीं तब अगर उन्होंने ऐसा ही कुछ किया होता था तो आप इस दुनिया में आती? ससूर जी को आप जैसी होशियार, सुशील पत्नी मिलती...? '

'लेकिन बहू...'

'पिताजी, सुनिए ना। माँ जी, दूसरी बात... मेरे परिवार ने मेरी माँ के पेट में मुझे कुचल दिया होता तो मुझे माँ जैसी सास मिलती? ससूर जी के रुप मे पिता मिलते? मेरा हर शब्द मानने वाला यह पति मिलता? माँ जी, इस परिवार को, आपको आदर्श मानने वाले बहुत सारे लोग हैं। मेरे गर्भ के बारे में हम जो भी निर्णय लेंगे वह इस समाज पर बहुत असरदार होगा। 'लडकी नही चाहिए' यह नकारात्मक विचार शायद लोग भूल जाएंगे। माँजी, थोड़ी शांति से सोचे। एक कली को बाहर आने से पहले ही कुचल मत डालो। पिताजी, आप भी रोजाना मंदिर जाते हो, तीर्थयात्रा करते हो फिर भी आप ऐसा सोचते हो?...' मै कहती जा रही थी। शब्द कहाँ से आ रहे थे मै खुद समझ नहीं पा रही थी। मुझे मेरे ढांढस और संयम पर आश्चर्य हो रहा था। लेकिन मैं जीत गई। मेरे ससुराल जनों ने मेरी बात मान ली। 'मेरे गर्भ की जाँच करनी नही' ऐसा निर्णय लिया गया और चारों ओर मेरी गर्भवती होने का संदेश खुशी खुशी भेज दिया गया। मेरे लाड प्यार में कोई कमी नही रही। एक बेटी की तरह सासू जी पेश आ रही थी। फलस्वरूप मैंने एक नन्ही सी परी को जन्म दिया था। अस्पताल के बाहर ससूर जी ने बैंड बाजे के साथ मिठाई और जलेबी दोनों साथ साथ बाँटनी शुरू की थी। मैंने बाजू देखा, मेरी लाडली आँखें बंद किए सो रही थी, उसके चेहरे पर बडी मोहक हंसी थी। मैने धीरे से उसके भाल पर अपने होठों को रख दिया। मेरी आँखें भी भरी हुई थी...

— नागेश सू. शेवालकर

रचनाकार परिचय

वीणा कुमारी

पिता का नाम	:	श्री नन्हकू मोदी
जन्मतिथि	:	15 फरवरी
पता	:	झुमरी तिलैया, कोडरमा, झारखंड
शैक्षणिक योग्यता	:	एम. ए.(गणित), बी. एड.
संप्रति	:	शिक्षिका, (डीएवी पब्लिक स्कूल, झुमरी तिलैया)। देश–विदेश की विभिन्न पत्र पत्रिकाओं में गद्य, पद्य, लेख का प्रकाशन।
सम्मान	:	नवीन कदम समूह, छत्तीसगढ़ की ओर से सरस्वती सम्मान। वर्तमान अंकुर, नोएडा की ओर से श्रेष्ठ रचनाकार सम्मान। सोशल मीडिया मंचों द्वारा समय समय पर आयोजित लेखन प्रतियोगिताओं में सहभागिता एवम् पुरस्कृत। भारतीय जीवन बीमा निगम, झुमरी तिलैया के द्वारा साहित्य में विशिष्ट योगदान के लिए प्रशस्ति पत्र एवम् स्मृति चिन्ह से सम्मानित।

एक चुटकी सिंदूर (कहानी)

आँखों से आँसू छलक पड़े उसके। कोहबर की रस्म निभाते समय जैसे ही उसने अपनी सास की आवाज सुनी - ए बहू! ठीक से बैठने का शऊर नहीं क्या? वह सोचती ही रह गई कि मैं ठीक से कैसे नहीं बैठी? तभी फिर से सास ने कहा - पैर के नाखून दिख रहे हैं तुम्हारे। यह सुन वह अपने में ही सिमट गयी। आज ही तो ब्याह कर आई है वह, मन में अरमानों की पोटली लिए। पर...सोचते सोचते नेहा अपने कॉलेज के दिनों में चली गई, जहाँ वह अपने क्लास की टॉपर, हर क्षेत्र में अपना लोहा मनवाने वाली..लोग अपने बच्चों को उसकी तरह बनने के लिए प्रेरित करते। पर यहाँ तो उसे पहले ही दिन बेशऊर करार दिया गया। मन क्षोभ से भर गया उसका। अगले ही दिन वह पग फेरे के लिए मायके जाने वाली थी, उसका भाई नवीन उसे विदा करा ले जाने आया था कि सास कटु तिक्त स्वर में बोली - मायके जा तो रही हो, पर आते वक्त खाली हाथ मत चली आना, ज्यादा न सही, दो - चार जोड़ी कपड़े और एकाध जेवर तो मिलने ही चाहिए मायके से, भई ससुराल में रहने पर ये सब धरम तो निभाने ही पड़ते हैं। वह सन्न होकर सास का मुँह देखती रह गई.. कौन कहेगा कि बालिका उच्च विद्यालय की प्राचार्या है, इतनी पढ़ी लिखी और ऐसी सोच। उसे तरस आया सास की मानसिकता पर, फिर उसने अपने पति राज की ओर देखा..शायद वहाँ आश्वासन के दो शब्द हों, शायद राज कहे - तुम चिन्ता मत करो, मैं हूँ न, सब संभाल लूँगा। लेकिन राज के सपाट और निस्तेज चेहरे ने उसकी उम्मीद की किरणों पर फूँक मार दी। पल भर में ही वह समझ गयी कि इस एक चुटकी सिंदूर ने उसकी अल्हड़ता, चंचलता, बेबाकीपन और उसके अधरों पर हर समय विराजमान रहने वाली मुस्कुराहट को झटके से छीन लिया है। चुटकी भर सिंदूर के साथ ससुराल के धर्म को निभाने की जिम्मेदारी भी उस पर थोप दी गई है जो शायद उम्र भर कभी कम न हो।

✍ वीणा कुमारी

बड़ी हो जाती हैं लड़कियाँ

देखते ही देखते

छत के ऊपर चढ़ती बेल की तरह

यूकलिप्टस के लंबे दरख़्त की तरह

सताने लगती है समाज को उनकी चिंता

मिलने लगती हैं उन्हें नसीहतें

जोर से न बोलने की

खिलखिलाकर न हँसने की

ताकि कोई कह न दे उन्हें बेशऊर

ये नसीहतें घुलने लगती हैं

उनकी जड़ों में ज़हर बन

कुंठित होता उनका मन

कर देना चाहता है बहिष्कार

उन सभी नसीहतों का

जो रोकती हैं उन्हें और उनके ख्वाबों को

आसमां में पर फैलाकर उड़ने से

क्योंकि....

आकांक्षायें हिलोर मारती हैं उनके अंदर

अपने ख्वाबों को सच कर दिखाने की

पंख लगाकर दुनिया में विचरने की

कितनी आसानी से कह देते हैं लोग

बड़ी हो रही हैं लड़कियाँ

जबकि जज्बों से भरा एक मासूम दिल

समाया है उनके अंदर......

✍ वीणा कुमारी

वह फुर्सत में नहीं

फिर भी जुटा लेती है

चंद क्षण

अपनी बातें ..

अपनों से

करने के लिए

बंजर जमीन पर भी

उगाना चाहती हैं

कुछ फूल

प्रेम और विश्वास के

बहना चाहती है

समन्दर की उठती गिरती लहरों सी

उसके हिस्से

कभी कोई छुट्टी नहीं

पर चाहती हैं

अपनों के

रविवार की छुट्टियों पर

थोड़ा सा हक

इंतजार करती हैं

तुम्हारे इजाजत की

ताकि खोल सके

अपने मन की गाँठें

तुम्हारे सामने

और तुम सब

उसके खुलते गिरहों को थाम

इतना भर कह दो
कोई बात नहीं
हम हैं न तुम्हारे साथ
हाँ....
एक स्त्री
गाछ से लिपटे अमरबेल की तरह
लिपटी रहती है
अपनी जिम्मेदारियों से
सुनो स्त्री
इसी तरह उगे रहना
जैसे रोज उगता है सूरज
हर साँझ ढलने के बाद..

— वीणा कुमारी

रचनाकार परिचय

सुरंजना पांडेय

जन्म तिथि	:	6 जून 1981
जन्म स्थान	:	लखीमपुर खीरी
पैतृक स्थान	:	गांव – पाण्डेय पट्टी कुशीनगर उत्तर प्रदेश
पिता का नाम	:	श्री सुरेंद्र कुमार पांडेय (वरिष्ठ रेलवे वाणिज्य लिपिक लोकतंत्र स्वतंत्रता सेनानी)
माता का नाम	:	श्रीमती ज्ञानवती पांडेय
पति का नाम	:	डॉक्टर सुशांत कुमार पांडेय (M.D. Medicine)
शिक्षा	:	तीन विषयों में परास्नातक हिंदी साहित्य, अंग्रेजी साहित्य और राजनीति विज्ञान में गोल्ड मेडलिस्ट दो विषयों में।
संप्रति	:	कवियत्री, लेखिका।
विधा	:	कविता, कहानी, निबंध, नाटक, व्यंग, मुक्तक, लघु कथा और हास्य व्यंग, बालकहानी, बालकविता, संस्मरण, रिपोर्ताज आदि।
प्रकाशित कृतियां:		कहानी जो बीत गई, कटाक्ष, शाश्वत प्रवाह, अन्तर्मन के स्वर, कहानियाँ जो बोलती है, जीवन के रंग कविता के संग, साझा काव्य संकलन, वर्तिका, अनामिका, वैश्विक महामारी एक युद्ध साझा काव्य संकलन, साहित्यिक पथ, मातृछाया, पलाश, साहित्यक आगाज, सावन, नारी हुं मैं, पिटारा, भारतनामा, कम्यूनिटी एंपायर, मेरा गांव, आत्मजा, मातृभूमि, अभिलाषा, काव्यप्रणिका, बेटियाँ अनमोल होती है, मन के पन्ने, पानी कम है कई पत्रिकाओं और अखबारों में भी समय-समय पर रचनाएं प्रकाशित।

संस्कार

पर्दे को मेरी कमजोरी तो आप सब कभी ना समझे

पर्दे की आड़ में छिपी मेरे मर्यादा और संस्कार है,

चौखट की लाज है कैसे रखनी ये मैं जानती हूँ

मेरी दहलीज़ और सीमाएँ क्या है मुझे ना बताए,

हुं मैं पर्दानशीन और मौन तो ये मेरे संस्कारों के

प्रति लिहाज और मेरे परवरिश के तो संस्कार है,

और संस्कारों के पीछे मेरे मां बाप के दिए संस्कार है

रहती हुं मैं पर्दें में क्योंकि जमाने की निगाहें खराब है,

पर मैं भी उन्मुक्त स्वच्छंद उड़ना और

निर्विघ्न विचरण तो करना चाहती हुं,

पर भय असुरक्षा के माहौल में सर उठा के जीना चाहती हुं

और अपनी नाम और पहचान बनाना चाहती हुं,

तो कभी उंगलियां ना उठाए आप कभी तो मेरे संस्कारों पे

मेरी सीमा रेखाएं क्या है ये आप ना समझाए मुझे,

मैं वाकिफ हुं अच्छे से अपने मर्यादा और संस्कारों से।

☙ सुरंजना पांडेय

दहलीज़

दहलीज़ की क्या सीमा है

और क्या लाज है ये ना समझाएं,

मुझे मेरे दायरे तो मत समझाओ

मेरे औरत होने के क्या है मायने,

ये ना मुझे आप तो समझाओ

मै मूर्ख नहीं हू कि तुम हर बार,

मुझे मेरी सीमाएं बताते हो

कैसे करना है क्या करना है

हर बात को हर वक्त समझाते हो,

मै नहीं बंधना चाहती अपने आपको

किसी सीमाओ में और दायरों में

चौखट की लाज कैसे रखनी है,

ये मैं तो अच्छे से जानती हुं

मेरे अस्तित्व पे कभी तुम कभी

उन्गलिया तो न यूं उठाओ,

रखुगी मान मैं ससुराल और नैहर का सदा

मुझपे पाबंदिया यूं ना लगाओ, मौन हुं पर कमजोर नहीं मैं

कोमल हूं पर कठोर नहीं मैं, मर्यादा सीमाए क्या है ये मैं जानती हूँ

रीतिया और रस्मों की ना दो यूं दुहाई मझे,

मेरे सपनो की उड़ान को पंख तो दो

हो अगर तुम सजल राजकुमार

तो मै भी हूँ शहजादी अपने दिल की

दो साथ प्यार और विश्वास तो रिश्तो की,

ये सुंदर बगिया तुम्हारी सदा ही महकाऊं।

बिंदिया

माथे पे प्यारी लगती तेरे ये गोल बिंदिया
तुम्हारी सुंदरता और बढाती ये तेरी बिंदिया।
बिंदिया लगा हर नारी और भी सुंदर लगती
जब माथे पे दमकती चमकीली सी बिंदिया।
सोलह श्रृंगार में शामिल होती ये बिंदिया
कितने रंगो और आकारो में आती ये बिंदिया।
कोई गोल, कोई चौकोर, कोई छोटी, तो बड़ी
बिंदिया लगा अपने रूप श्रृंगार को निखारे है।
सुहागिनों के अचल सुहाग की निशानी ये बिंदिया
पिया के मन को सदा भाती अपने अर्धांगिनी की बिंदिया।
कितने गीत गजल और लेखन किए गये इस बिंदिया पे
रातों की नींद और दिल का चैन सुकून चुराती ये बिंदिया।
बिंदिया लगाके तुम और निखर सी गयी ऐ परम सुंदरी
तेरे रूप यौवन को और भी आकर्षित करे तेरी बिंदिया।

✍ सुरंजना पांडेय

शिशु सुख निधान

मां बनकर एक नारी जीवन का असीम सुख पा जाती है

कष्टों को सहके भी वो बच्चों के लिए हमेशा मुस्कुराती है।

नौ महीने कोख में रख बच्चे को प्रसव पीड़ा वो हंस के सहती है

जब देखती उसकी पहली झलक तो वो आह्लादित होती है।

बच्चे की किलकारी से खुशियां ही खुशियां छा हर ओर जाती है

शिशु सूख निधान वो भाव जो नई खुशिया बस बिखेरती है।

मां बनकर ही एक नारी अपने अस्तित्व को सच में पाती है

बच्चे के पहले स्पर्श से ही मां अपने को जन्नत में तो पाती है।

देख एक झलक अपने बच्चों की मां हमेशा खुश हो जाती है

अपने स्नेहिल आंचल की छांव में बच्चों को वो सदा रखती है

बच्चे कहीं ना दिखे तो वो बांवरी हो सुधबुध सी खो जाती है

बच्चों के लिए जीती एक झलक पा वो कितनी तो खुश होती।

बच्चे ही घर के रौनक है उनसे ही तो जीवन में खुशियां आती है

बच्चों की छोटी छोटी शरारतो और खेलो से ही रौनक आती है।

— सुरंजना पांडेय

रचनाकार परिचय

शिखा कोठारी रतूड़ी

जन्म स्थान	:	टिहरी
पिता	:	श्री टी ० आर ० कोठारी
माता	:	श्रीमती ऊषा कोठारी
शिक्षा	:	B.Ed, MSc in Zoology, M.A in Education, M.Ed
संप्रति	:	रिसर्च स्कॉलर (Doing PhD from Kumaun University.)
प्रकाशित कृतियाँ	:	1. A book published in ICT. 2. A book published in principles and methods of teaching by Taneesha Publishers (A unit of Prachi Digital Publication).
लेखन विधा	:	संस्मरण
उपलब्धियाँ	:	UGC NET, U-SET in Education, 6 articles published in ISBN books related to education.
ईमेल	:	shikhakothari98@gmail.com
दूरभाष	:	9675389340

नारी सशक्तिकरण की जननीः सावित्री बाई फुले

नारी सशक्तिकरण शब्द स्वयं में ही अपनी शक्ति को दर्शाता है अर्थात यह कहा जा सकता है, कि महिलाओं का अपनी क्षमता को पहचानना और उसे मजबूत करने का प्रयास करना ही नारी सशक्तिकरण कहलाता है। आधुनिक समय में महिलाओं का हर क्षेत्र में आगे आना उनके सशक्तिकरण का एक बहुत अच्छा उदाहरण है। जब भी हम नारी सशक्तिकरण की बात करते हैं, तो हमें यह जानना अति आवश्यक हो जाता है कि नारी सशक्तिकरण की यह ज्वाला कहां से उत्पन्न हुई।

अतः यह लेख इसी ओर एक प्रकाश स्वरूप है। नारी सशक्तिकरण की सबसे प्रथम नींव महाराष्ट्र की क्रांतिज्योति सावित्रीबाई फुले ने रखी। इन्होंने ही समाज को समानता की सही दिशा की ओर निर्देशित किया और अपने कार्यों से समाज की प्रतिबद्धताओं से ऊपर उठकर करहाती मानवता को अपने दिव्य आलोक से समाज का पथ प्रदर्शन किया। सावित्रीबाई फुले भारत देश की प्रथम महिला शिक्षिका तथा महिला वादी कही जाती हैं इसीलिए आधुनिक समाज को इनके विषय में जानना आवश्यक है।

सावित्रीबाई फुले का जन्म 3 जनवरी 1831 को महाराष्ट्र के नायगांव में हुआ था। इनके पिता का नाम खनदोजी नेवसे तथा माता का नाम लक्ष्मी था। सावित्रीबाई फुले का विवाह 1840 में महात्मा ज्योतिबा फूले से हुआ था। ज्योतिबा फूले स्वयं एक समाज सुधारक रहे हैं, उन्होंने सावित्रीबाई फुले के जीवन को प्रेरणादायक बनाने में अपना बहुमूल्य योगदान दिया, तभी आज सावित्रीबाई फुले को भारत की प्रथम महिला शिक्षिका, समाज सुधारिका तथा एक कवियत्री के रूप में जाना जाता है। इनके द्वारा नारी सशक्तीकरण के लिए कई उल्लेखनीय कार्य किए गए। सावित्रीबाई फुले जीवन पर्यंत समाज सेवा करती रही। इन्होने महिलाओं को सशक्त बनाने के लिए शिक्षा को मजबूत बनाया क्योंकि सशक्तिकरण का सीधा-सीधा अर्थ किसी भी व्यक्ति को मजबूत बनाने से है और शिक्षा ही एकमात्र ऐसा साधन है जिसके द्वारा हम व्यक्ति समाज तथा देश को सशक्त बना सकते हैं इसीलिए शिक्षा का महत्व बताते हुए उनकी एक कविता इस प्रकार है;

'विद्या ही सच्चा धन है, सभी धन दौलत से बढ़कर।

जिसके पास है, ज्ञान का भंडार वह सच्चा ज्ञानी लोगों की नजर में। '

इसी प्रकार सावित्रीबाई फुले ने नारी सशक्तिकरण के लिए कई प्रयास करें जिनमें से कुछ प्रयास निम्नलिखित हैं;

सावित्रीबाई फुले द्वारा प्रथम बालिका विद्यालय स्थापित किया गया। महिलाओं की शिक्षा के लिए सावित्रीबाई फुले उनके मध्य जाकर जागृति अभियान चलाती थी। सावित्रीबाई फुले ने सिर्फ योजनाओं का शुभारंभ ही नहीं किया अपितु उन्होंने बालिकाओं को अपनी कविताओं के माध्यम से जागरूक भी किया।

जैसे; 'चौका बर्तन से बहुत जरूरी है पढ़ाई।

क्या तुम्हें मेरी बात समझ में आई ?

सदियों से घर के काम जो औरत के हवाले कर दिए गए हैं, अधिकार छीने गए हैं, इस गुलामी से सिर्फ शिक्षा ही आजाद करा सकती है। '

1803 में मुस्लिम महिलाओं को शिक्षित करने हेतु पुणे में एक मुस्लिम भाई उस्मान शेख के घर पर एक विद्यालय शुरू किया।

इन्होनें कन्या भ्रूण हत्या को रोकने का प्रयास किया। नवजात कन्या हत्या जैसे पाप को बढ़ने से रोका। महिलाओं को रूढ़िवादी परंपराओं से मुक्ति दिलाने का प्रयास किया। दलित महिलाओं को शिक्षित बनाया। विधवा विवाह को प्रोत्साहन दिया तथा वर्ष १८५२ में, सावित्रीबाई फुले ने महिलाओं के अधिकारों के विषय में जागरूकता बढ़ाने के लिए महिला सेवा मंडल की शुरुआत की। सावित्रीबाई फुले के इन प्रयासों को देखते हुए उन्हें भारत की नारी आंदोलन की जननी भी कहा जाता है। सावित्रीबाई फुले ने कविताओं के माध्यम से महिलाओं को प्रेरणा देते हुए कहा;

'स्वाभिमान से जीने के लिए पढ़ाई करो पाठशाला की।

इंसान का सच्चा गहना शिक्षा है, चलो पाठशाला जाओ।

पहला काम पढ़ाई, फिर वक्त मिले तो खेलकूद,

पढ़ाई से फुर्सत मिले तो करो घर की साफ-सफाई,

चलो अब पाठशाला जाओ। '

सावित्रीबाई फुले ने यह सब कठिन प्रयास उस समय प्रारंभ किए जब समाज में स्त्रियों

को केवल घरेलू कार्यों हेतु उपयुक्त माना जाता था। स्त्रियों का घर से बाहर निकलना और शिक्षा ग्रहण करना, यह सब तो एक स्वप्न मात्र था परंतु सावित्रीबाई फुले का इतना महान व्यक्तित्व रहा है, की जब वह नारी सशक्तीकरण हेतु यह कार्य कर रही थी, तो समाज ने उनके आगे कई रोड़े पैदा किये, सावित्रीबाई पर पत्थर और गोबर फेंके जाते थे, परंतु उन्हें अपने मकसद से कोई भी डिगा नहीं पाया। इतना सब होने के बाद भी वह कहती ;

'मैं अपनी बहनों को पढ़ाने का काम करती हूँ, इसीलिए जो पत्थर और गोबर मुझ पर फेंके जाते हैं, वह मुझे फूल की तरह लगते हैं। '

आधुनिक समय में बालिका शिक्षा समय की आवश्यकता स्वरूप है, इसीलिए आज महिलाएं किसी पर भी बोझ नहीं कही जा सकती क्योंकि वह अपना भरण-पोषण करने में स्वयं समर्थ है। आज के समय में बालिकाएं शीर्ष पदों पर कार्यरत हैं। आज बालिका शिक्षा को मजबूत बनाने लिए कई योजनाएं संचालित हैं, जैसे; सुकन्या समृद्धि योजना, सीबीएसई छात्रवृत्ति योजना, बालिका समृद्धि योजना, मुख्यमंत्री राजश्री योजना, मुख्यमंत्री कन्या सुरक्षा योजना, माजी कन्या भाग्यश्री योजना।

अतः यह कहा जा सकता है, कि आधुनिक समय में बालिका शिक्षा पर ध्यान केंद्रित किया जा रहा है, जिससे नारी सशक्तीकरण संभव हो पा रहा है तथा देश प्रगति की ओर बढ़ रहा है। आज इन योजनाओं को चलाने की प्रेरणा नारी सशक्तीकरण की जननी सावित्रीबाई फुले के प्रयासों द्वारा ही संभव हो पाई है। आज महिलाओं को समाज में जो भी स्थान प्राप्त है, वह सावित्रीबाई फुले की ही देन स्वरूप है।

✐ शिखा कोठारी रतूड़ी

रचनाकार परिचय

श्रीकान्त पाठक

जन्मतिथि	:	15.01.1980
पिता	:	श्री ओमप्रकाश पाठक
माता	:	स्व. हीरावती देवी
पत्नी	:	प्रीति पाठक
शिक्षा	:	एम.ए., बी.एड., वि.बीटीसी
सम्प्रति	:	उ.प्रा.वि.बधवा, वि.ख. मझवाँ, मीरजापुर,
लेखन विधा	:	कविता, गीत, कहानी, लेख
पता	:	ग्राम आही, पोस्ट जमुआ, जिला मीरजापुर, उत्तर प्रदेश
ईमेल	:	shrikantpathak915@gmail.com
दूरभाष	:	8795704871, 9455122780

संगीनी...

निर्जन वन के असित राह पर

ज्योति तुम्हारी मृदु मुस्कान

पथ दुष्कर पर चलता जाता

विस्मृत कर पीड़ा अविराम

दीर्घ प्रतीक्षा अष्फुट यादें

डूब रही मन के गहवर में

नाविक बन तेरी स्मृतियाँ

रक्षित करती घने भंवर में।।

जीवन के सहपथिक आज जब

एकाकी सा थका लगा

मृदु मुस्कान तुम्हारी सहसा

बन कर राही साथ चला

अधर अरुण से श्याम हो रहे

विष एकाकी का पीकर

किंतु मृदुल सी स्मृति तेरी

रस भरते सीपी बन कर

दग्ध हृदय से उपजे आंसू

नयन द्वार तक आ जाते हैं

शशि से मुख की शीतल आभा

बनकर वायु सुखा जाते हैं

किंतु हृदय की दरिया में कुछ

गहन तरंगें भी होती हैं

निर्जन पा करती अटखेली
यदा-कदा तट को धोती है

तट बंधो को तोड़ अश्रु जब
तप्त कपोलो पर आ जाते
शुष्क ताल की तृषित भूमि पर
जल की बूंदो से इतराते
मर्म तुम्हारे अंतर्मन में
जल प्लावन सा कर जाते हैं
चैत मास के सूखे वन में
फिर सावन सा कर जाते हैं
एकाकीपन का तुषार इस
तरुण पुष्प को कुम्हलाता है
उन शीतल अधरों की उष्मा
फिर मधुमास बना जाता है

मंथर गति से दिवस सुनहरी
बन रजनी अलसाई थी
जीवन जुगनू सा लगता था
निरा निशा घहरायी थी
पथ लगता था गहन अंधेरा
नियत अबुध भरमायी थी
पूर्ण चंद्र सी प्रकट हुई तुम
शशि मुख पर तरुणाई थी

सूखे पल्लव मुकुल बन गये

पुलक उठी थी कृश काया
मंद वायु सी हंसी तुम्हारी
सिहर उठा तन अलसाया
श्वेत श्याम जीवन में मेरे
इंद्र धनुष का रंग भरा
उर थे तपते शुष्क मरुस्थल
कर दी उर्वर वसुंधरा

पर समय बहुत ही निष्ठुर है
है समय समय का यह खेला
प्रतिबिंब बिखरने लगते हैं
यह जीवन है अद्भुत मेला
आक पुष्प सी नीरस जीवनी
निष्प्रभ जीवन था अंगार
सुरभि बसाया इसमें तुमने
बनकर अरुणिम हरसिंगार

चरम ग्रीष्म था मेरा जीवन
बन कर आई हो मधुमास
तुम स्वाति की मधुमय बारिश
तर्पित की चातक की प्यास
मैं तो निरीह सा सत्यवान
निस्पंद पथिक यम के रथ का
तुम आई बनकर सावित्री
हरने कंटक जीवन पथ का

नियति नटी के नर्तन पर
पद स्वयं थिरकते जाते हैं
जलना बुझना तो नियति है
थे अनल स्वर्ण चमकाते हैं
कणित रेत सी शिथिल जीवनी
रंध्र भरा मेरा जीवन
बन आयी बारीक मृत्तिका
बज्र लेप था आलिंगन
किया समेकित मुझमें खुद को
कर के अरपण अंतर्मन
आलोकित कर प्रियतम मुझको
धन्य किया मेरा जीवन।।

‒ श्रीकान्त पाठक

रचनाकार परिचय

कुणाल दुर्योधन भोईर

जन्म तिथि	:	11-06-1989
जन्म स्थान	:	भिवंडी, महाराष्ट्र
पिता	:	श्री दुर्योधन बाळु भोईर
माता	:	सौ. मीराबाई दुर्योधन भोईर
शिक्षा	:	M-Com, CA Enter
प्रकाशित कृतियाँ	:	पलाश साझा काव्य संग्रह और 30+ साझा काव्य संग्रह
ईमेल	:	bhoirvaishnav@gmail.com
दूरभाष	:	7045210382

ये सिर्फ गाथा नही भरतवर्ष का दिव्य इतिहास है

इंतजार सती से सीखो,

शिवत्व को पाने में, ना जाने कितने जनम गये?

साहस सावित्री का देखो,

इरादे स्वामी रक्षा में, यमराज तक से लड़ आये।

संयम सीता से सीखो,

समाज मान्यता हेतु कितने अग्निदिव्य दिये?

इच्छा सत्यभामा की थी,

स्वयं पारिजातक धरती पर आये।

भक्ति मीरा से सीखो,

विष प्याला अमृत योग्य हो जाये।

प्रेम राधा का देखो,

कृष्ण राधा-मय हो गये।

कर्म तुलसी के थे पवित्र,

विष्णु प्रिया बन जीवन सफल हो जाये।

धर्म अहल्या का देखो,

पत्थर बने तकी श्री राम की राहे।

त्याग गांधारी से सीखो,

पत्नी धर्म निभाने भरे आजन्म अंधता के साये।

विवशता राजमाता कुंती की देखो,

कर्ण को कभी गले भी ना लगा पाये।

प्रतिशोध अंबा से सीखो,

खुद का वजूद मिटाये, शिखंडी रूप में आये।

भरी सभा में अपमानित हुई पांचाली,

शमशान बनी भरत वर्ष की बाहे।

दिव्यता योगमाया की थी,
आकाशवाणी अधर्मी सह ना पाये।
मलिन हो रही हैं गंगा आज-तक,
मनुष्य पाप धोये बीना कहा रह पाये?
संस्कार माता कौसल्या से सीखो,
श्री राम लाखों दिलो में आज भी हैं छाये।
ममता अनसूया की देखो,
ममत्व में त्रिदेव भी नतमस्तक हो गये।
श्रेष्ठता माता गायत्री की,
उचित समय सब अधिकार दे गये।
महत्वकांक्षा-ये मत्स्यगंधा की,
महाभारत की धरोहर रचा गये।
ताकत महालक्ष्मी माता की,
समय बलवान बता जाये।
वेश्या होकर भी पवित्र थी महानंदा,
स्वय शिव उनका उद्धार करने आये।
अमरगाथा नारी शक्ति की,
नम आँखें बहुत कुछ संसार से कहे।
विश्व में सदा सम्मानित हो स्थान,
बाकी और कुछ, कल रहे ना रहे।
ये सिर्फ गाथा नही,
भरतवर्ष का दिव्य इतिहास हैं।
त्याग तथा समर्पण से सजा,
अटूट विश्वास है।

✒ कुणाल भोईर

वो मौन रही...

पति के आत्मसम्मान में,
खुद को यज्ञ में जला गई।
प्रकृती थी वो ! न्याय कर सकती थी,
फिर भी, 'सती' मौन रही।

गंगा की भांति पवित्र थी जनक कन्या,
फिर भी बार-बार अग्नि परीक्षा देती रही।
मर्यादा पुरूषोत्तम की मर्यादाओं का भार उठाये,
परित्यक्ता 'सीता', वन में भी मौन रही।

अधर्मी था लंकाधिपति रावण,
भार्या धर्म का दीप जलाती रही।
ढल गये अश्रु हो गयी सती,
मयासुर कन्या 'मंदोदरी', मौन रही।

सपने में दान दिया सत्यवादी राजा हरिश्चंद्र ने,
महारानी हर क़दम पर साथ रही।
बिक गई कुल के सम्मान में पतिव्रता नारी,
इक्ष्वाकु वंश की कुलवधु 'तारा' मौन रही।

गौतम ऋषि का रूप लिये पधारे देवराज इंद्र,
सतीत्व की मर्यादा भंग हुई।
ना जाने कितने युग प्रतीक्षा में गये,
ब्रम्हापुत्री 'अहल्या', फिर भी मौन रही।

पूरा संसार जानता है, पापी था मथुरा नरेश कंस,
जरासंध की पुत्री या पत्नी धर्म में साथ रही।
अत्याचार सहते-सहते गई परलोक,
फिर भी 'अस्ती' और 'प्राप्ति' अंत तक मौन रही।

घूत में हुआ अक्षम्य अधर्म,
भरी सभा में पांचाली अपमानित हुई।
इतिहास है धर्म युद्ध से हुआ पुनर्निर्माण।
क्या 'याज्ञसेनी' को मिला, स्वर्गारोहण पर भी वह मौन रही।

राजा हिमवान पुत्री 'गंगा',
शापित होकर धरती पर आई।
पाप धो रही है संसार के,
क्या थी उसकी गलती? फिर भी वह मौन रही।

राधा बनी कृष्ण सखी,
लिलाये कृष्ण की रास रचा गई।
दिया जलाये बैठी रही इंतज़ार में,
'ललिता' 'मीरा' बनने तक मौन रही।

चरित्र था पवित्र इन नारियों का,
धर्म रक्षा में क्या-क्या कर गई।
छोड़ गई अनगिनत कहानियाँ पीछे ये सतियाँ,
और कहीं जा के हमारी झोलियाँ खुशी से भर आई।

✍ कुणाल भोईर

रचनाकार परिचय

सुमन त्रिपाठी

जन्म तिथि   : ०५/०५/१९८२

जन्म स्थान   : देवरिया, उत्तर प्रदेश

माता   : श्रीमती सुभावती त्रिपाठी

पिता   : श्री रमेश चंद्र त्रिपाठी

शिक्षा   : एम. ए.(हिंदी), (राजनीति शास्त्र), बी.एड.

पेशा   : शिक्षण

पता   : पुरुलिया, पश्चिम बंगाल

प्रकाशित कृतियां : कविताएं पत्रिका-अमर उजाला, कत्यूरी मानसरोवर, धर्म युद्ध, इंडिया गैप्स टुडे, जन प्रवाह, सरस्वती प्रेम इत्यादि

ई पत्रिका   : विश्व हिंदी संस्थान, गृहस्वामिनी इत्यादि

लेखन विधा   : कविता और कहानी

रचना क्रम   : अनेक पत्र-पत्रिकाओं में रचनाएं प्रकाशित

गतिविधियाँ   : शिक्षण, लेखन और साहित्य चर्चा

मोबाइल   : ८९६७९०५८००

ईमेल   : sumanbajpayee20@gmail.com

वीर वधू (लघु कथा)

गर्मियों की छुट्टी के बाद जून में कॉलेज खुला। लड़कियों की चहल पहल थी। चूँकि यह वुमेन्स कॉलेज था इसलिए उनका वर्चस्व चारों तरफ ही रहता था। आर्ट्स डिपार्टमेंट में एक रोचक और आकर्षक बात दिखाई दी वह थी कि कंचन की शादी हो गई। शादी की बात किसी को पहले से पता नही थी, अचानक देखा तो सभी हैरान हुये।

कंचन का यह थर्ड ईयर था, बड़ी ही शांत और मृदुभाषी लड़की थी। उसका गोरा चेहरा सिंदूर की लालिमा से दमक रहा था। नव विवाहिता थोड़ी शर्मा सी रही थी। उसकी सहेलियां उसे घेर ली और कितने ही बातों से उसे छेड़ने लगी। सबसे बड़ी बात यह थी कि बिना किसी को शादी में बुलाये कंचन शादी कर ली, यह शिकायत बड़ा मुद्दा था पर किसी तरह सुलह इस बात पर हुई कि उसकी शादी हो गई पर विदाई नहीं हुई अर्थात उसका गौना होगा जिसमें ठीक मुहूर्त पर साल के अंदर ही ससुराल वाले दूल्हा लेकर आयेंगे और उसकी विदाई करा कर ले जाएंगे तब कंचन सभी सहेलियों को बुलाएगी। इसके बाद से सभी लड़कियाँ उससे बाते करती बड़ी उत्सुकता से उसके शादी और पति के बारे में जनना चाहती थी।

एक दिन पोलिटिकल साइंस की क्लास चल रही था बनर्जी सर यह विषय पढ़ाते थे। बड़े ही ज्ञानी और अनुभवी व्यक्ति थे, राष्ट्रीय अन्तरराष्ट्रीय राजनीति पर गहरी रुचि रखते थे, क्लास में ही वह कितने राजनीतिज्ञ और सैनिक तैयार करना चाहते थे। देश की विदेश नीति और सेना के सशक्तिकरण पर उनके वक्तव्य सुनकर ऐसा लगता था कि सुरक्षा सलाहकार सरकार को उन्हें ही बना देना चाहिए।

देश में तब लोगों का जोश चरम पर था दरअसल करगिल में भारत पाकिस्तान की जंग छिड़ गई थी।

युद्ध की लगातार खबरें टीवी और समाचार पत्रों में आ रही थी। परन्तु बनर्जी सर उन सब की चर्चा क्लास में ऐसे करते जैसे उनकी आंखों देखी घटना हो। वह बता रहे थे कि कैप्टन बिक्रम बत्रा का बलिदान सेना की बहुत बड़ी क्षति थी जो कैसे अपने साथी को बचाने के लिए खुद ही शहीद हो गये। 4875 की ऊँची चोटी पर तिरंगा को फहराते हुए बेटे बिक्रम को टीवी पर देख उनकी माँ गर्वित हो रही थी फिर उसी बेटे को तिरंगे में लिपटे हुए कैसे स्वीकारना

पड़ा उस माँ को।

कंचन अपना सर डेस्क पर झुकाए हुई थी उसकी सिसकियाँ उस साहस, त्याग, युद्ध नीति, कूटनीति और तमाम राजनीतिक चर्चा के बीच ऐसे बहने लगी कि सर चुप हो गए।

'क्या हुआ' ? सर बोले।

कंचन फफक कर रोने लगी।

पूरा क्लास स्तब्ध हो गया। पूनम उसकी सबसे अच्छी सहेली थी। उसे सम्हालने का प्रयास कर रही थी। परन्तु उसकी हिचकियाँ रुक ही नहीं रहीं थीं दुश्चिंतासे उसका मन कांप रहा था। जिनके मिलने का सपना हर दिन देख रही थी उनको किस रूप में देखेगी इसकी कल्पना मात्र से ही वह तड़प उठी।

'सर, इसके अपने ही..... आर्मी में.....करगिल में तैनात हैं' पूनम बोली।

वह निस्तब्ध हो गए और थोडे देर बाद क्लास से बाहर चले गये।

जुलाई के अंतिम सप्ताह में भारतीय सेना के विजय के साथ ही जंग समाप्त हुई। देश सैनिकों की शहादत को नमन कर रहा था। उनके सम्मान में जगह जगह सभाएं आयोजित की जा रही थी, जुलूस निकाला जा रहा था।

स्वतंत्रता दिवस की तैयारी भी शुरू हो गई, कालेज में नाटक का अभ्यास किया जा रहा था, लड़कियाँ नृत्य संगीत जैसे कार्यक्रमों में बढ़ चढ़ कर हिस्सा ले रही थी कुछ तो ऐसे ओजस्वी भाषण की तैयारी कर रही थीं कि देश भक्ति की भावना सब में प्रबल हो।

15 अगस्त के दिन कॉलेज में गणमान्य अतिथि उपस्थित हुये, ध्वजारोहण के बाद राष्ट्र गान फिर एक के बाद एक सांस्कृतिक कार्यक्रम होने लगे।

'कर चले हम फ़िदा, जान-ओ-तन साथियों....

अब तुम्हारे हवाले वतन साथियों.........'

गीत के धुन समाप्त होते ही तालियां बजने लगी।

कंचन स्टेज से नीचे उतरी, सहेलियों ने उसकी पीठ थपथपाई। आज उसके चेहरे पर चमक थी और अंग अंग में जोश था।

पूनम उसके मन को भाप ली

'क्या बात है कोई ख़बर मिली ?'

'हाँ'

'कैसे है जीजा जी?'

'हास्पिटल से छुट्टी मिल गयी है, घर आ रहे हैं' हंसते हुए कंचन बोली।

करगिल की ऊँची चोटियों पर दुश्मन सेना से लोहा लेते हुए कितने ही जवानों ने अपनी जान की कुर्बानी दे दी थी और कितने ही सिपाही गम्भीर रूप से घायल हुए परन्तु युद्ध में जीत के बाद उन सब में हर्षोल्लास की लहर थी।

विजय का परचम फहराने वाले सिपाही की वीर वधू कंचन पति के दर्शन के लिए व्याकुल हो रही थी।

✠ सुमन त्रिपाठी

| रचनाकार परिचय |

नन्द कुमार

जन्म तिथि	:	20/05/1984
जन्म स्थान	:	ग्राम - खानूशंकरपुर (ननिहाल)
पिता	:	श्री चन्द्र प्रकाश
माता	:	श्रीमती सत्यवती
पत्नी	:	पिंकी देवी
शिक्षा	:	एम.ए. (हिन्दी, संस्कृत) बी.एड .
सम्प्रति	:	प्राइवेट शिक्षण
लेखन विधाएं	:	कविता एवं कहानी
प्रकाशित कृतियां	:	साझा काव्य संग्रह : शब्द सागर, प्रेरणा, शान्तिदूत, समतावादी काव्य संग्रह, पलाश, हिन्द गाथा, मेरी नजर से, पितृभक्ति, काव्य नवतरंग, काव्य क्षितिज, काव्य नगरी, भारत@75, काव्य वसुधा, प्रेरणा सागर, नया भारत, मेरी मां मेरे अहसास, श्रद्धा सरोवर, उन्नति पथ, प्रबुद्ध काव्य संग्रह, काव्य कुंज
प्राप्त सम्मान	:	काव्य श्री सम्मान, काव्य शिरोमणि सम्मान, काव्य सौन्दर्य सम्मान, काव्य गौरव सम्मान, राष्ट्र माता सावित्री फुले सम्मान, संत गाडगे गौरव सम्मान, साहित्य मार्तण्ड सम्मान, तथागत गौतमबुद्ध ज्ञान गौरव सम्मान
पता	:	ग्राम -भगवन्तपुर, पो0-पाली, जिला-हरदोई (उ0प्र0)
E-mail	:	nandkumar739@gmail.com
Whatsapp	:	6394693354

करवा चौथ

दो पहिए पति-पत्नी सुन्दर,
जीवन रूपी रथ के।
प्यार और विश्वास बढाए,
दोनों में पल सुख के।।

पत्नी का सर्वस हो पति ही,
पति की हो पत्नी प्यारी।
ऐसे सुन्दर सृजन मिले कम,
है उनकी महिमा न्यारी।।

पति का जीवन बढे मिटे दुख,
हो हर पल ही मंगलकारी।
करवाचौथ को इसी हेतु व्रत,
करती है नारी हितकारी।।

कार्तिक मास के कृष्ण पक्ष में,
चतुर्थी तिथि अति पावन।
उस दिन कर गृह काज पूजती,
नारी चन्दा को मनभावन।।

पति चन्दा को देख पूजकर,
अपने व्रत को वह खोले।
सदा सुहागिन रहूँ प्रेम पति,
का पाऊं प्रभू से बोले।।

वधू

तज कर निज परिवार गोत्र,
निज सखी सहेली सारी।
कुल की वृद्धि हेतु वधु लाती,
वर कुल में मंगल भारी।।

मात पिता को वधू ससुर अरु,
सास में जो अनुभव करती।
बेटी सी रहती पतिगृह में,
आंचल में खुशियाँ पलती।।

वधू हमारे घर की रौनक,
हरदम उसका ध्यान रखो।
जिस घर में सन्तुष्ट नारी हो,
उस घर की रौनक देखो।।

रिद्धि सिद्धि सम्पति सारी,
स्वयमेव वरण करती उसका।
जिस घर में सम्मानित नारी,
हर कार्य पूर्ण होता उसका।।

नन्द कुमार

पायल की झनकार

पायल की झनकार ही हमको,
नारी जाति का बोध कराए।
नारी से सब उपजे जग में,
नारी सबके मन को भाए।।

बचपन में पायल की रुनझुन,
मां की याद दिला जाती है।
शब्द सुने नजरे घूमें बरबस,
दर्शन की ललक जगाती है।।

जब हुए बड़े दादी नानी बुआ,
और चाची मामी की पायल।
आकर्षित करती दुलार की,
मन में बढ़ जाती है चाहत।।

यौवन में पायल की रुनझुन,
दिल में आग लगा जाती है।
मन को भा जाता है कोई,
चाहत बढ़ती ही जाती है।।

बेबस वृद्धावस्था में भी पायल,
मन में यह आस जगा जाती है।
शायद पोती बहू या पुत्री अपने,
आश्रित को कुछ ले आती है।।

समय समय पर पायल का स्वर,
अजब कहानी गढ़ जाता है।
पायल आशा की वह ज्योति,
जीवन जगमग हो जाता है।।

नारी भी इन्सान है

नारी पत्थर नहीं एक इन्सान है,
इस धरती की अलौकिक शान है।

खामोशी को उसकी तुम,
मत कमजोरी मानो।
सबका हित जो करे उसे,
कम नहीं किसी से जानो।

जन्म दे पालन पोषण करती ,
सह अन्याय नही कुछ कहती।
ताने सुनकर भी हित रत जो,
नारी धन्य नमन है उसको।

नारी मूरत नहीं है जो वह,
सब कुछ सह जाएगी।
वो भी एक इन्सान है सोचो,
कैसे वह रह पाएगी।

जब दुख पाकर धीर भी,
हमने देखे यहाँ अधीर है।
सहानुभूति करके देखो,
दिल मे कितनी पीर है।

नारी नर आधार जगत के,
उससे घर-परिवार है।
नारी को खुश रखो,
नारी की महिमा अपरंपार है।

नारी मूरत नहीं एक इन्सान है,
इस धरती की अलौकिक शान है।।

रचनाकार परिचय

अमन सिंह

नाम	:	अमन सिंह
जन्म तिथि	:	20 जून 1997
जन्म स्थान	:	27 केवटली खुर्द ठाकुर गंज जौनपुर
शिक्षा	:	एम. ए. बी. एड. एम. एड. एम . बी. ए.
ई-मेल	:	amansinghy43@gmail.com
दूरभाष	:	9717111509

बिंदिया

बिंदिया सजी थीः
बिंदिया सजी थी माथे पर।
मैं चल पड़ी राह पर।।
हर निगाह पलट गई।
मैं कुछ पल के लिए शर्मा गई।।
डोली लेकर तन्हाई।
आ गई लेने मुझे।।
मैं ख़ुद को ख़ुद से भूल गई।
घुटन का पर्दा ओढ़ लिया।।
एक अलख जगी दिल में।
आई एक आवाज़।।
तू है प्रकृति स्वरूपा।
तुझसे ही तो है संसार।।
तेरे ही आंचल में।
खिला है ब्रह्माण्ड सारा।।
तेरा न कोई आदि है।
तेरा न कोई अंत।।
सदियों से चल पड़ी है।
एक सोच बस फिसल गई है।।
होकर सवार शून्य पर।
नयनों को अश्कों से भिगोती रही।।
पल - पल सजाकर ख़ुद को।
अदब को बिखेरती रही।।
बिंदिया सजी थी माथे पर।

मैं चल पड़ी राह पर।।

ख़ुद को जलाकर।

ख़ुद से हो गई अनजान।।

बसाकर दुनिया आंचल में।

एकाकी ख़ुद को बना गई।।

मिला गुणगान बस लफ्ज़ों में।

मैं सागर सी बनती गई।।

बस मेरे नाम तक।

मैं सिमट के रह गई।।

बिंदिया सजी थी माँथे पर।

मैं चल पड़ी राह पर।।

— अमन सिंह

मैं हूँ नारी

मैं हूँ नारी।
मेरे है कई स्वरूप।।
कभी बनकर लौ।
करती हूँ प्रकाशमय।।

कभी बनकर धधकती ज्वाला।
अंगार पैदा करती हूँ।।
कभी बेटी बनकर।
कभी मां बनकर।।

सींचती हूँ आशियाने को।
ख़ुद के आंचल में खिलाती हूँ।
हर एक रिश्तें के बंधन को।।

सहकर हर ताना बाना।
देती हूं परिचय धैर्य- शीलता का।।
बनकर शांति स्वरूप।
कराती हूँ पान प्रेम रस का।।

पहनकर साड़ी दाम्पत्य जीवन की।
खुशहाली को गले लगाती हूँ।।
मैं हूँ नारी।
मेरे है कई स्वरूप।।

होकर सशक्त मैं।
नर से कंधा मिला रही हूँ।।
ख़ुद की भागीदारी।
हर एक क्षेत्र में दे रही हूँ।।

ख़ुद की गरिमा बनाकर।
बुलंदियों को छू रही हूँ।।
मैं हूँ नारी।।
मेरे है कई स्वरूप।।

≈ अमन सिंह

सिन्दु झा

माता	:	श्रीमती देवदुलारी।
पिता	:	स्व नित्यानंद ठाकुर।
पति	:	श्री दिलीप झा।
पता	:	गाँव- झंझारपुर कैथिनियाँ
वर्तमान मे	:	बलजीत नगर, दिल्ली।
साझा संग्रह	:	जनक नन्दिनी, वैदेही, प्रबोधिनी प्रवाह, दिशेरा टाइम्स आदि मे रचित रचना।
उपलब्धियाँ	:	मैथिली में खिस्सा-पिहानी लिखना और पढना अपनी शौक। कुछ पोथी और अखवार में अपनी रचना के संग सम्मान पत्र पाना।

माँ की आस

तुझे देखकर बिचारी लाचार हो गई,
तारुण्य पंकज जीवन यूंही गवा गई।

चाँदनी रात में तुझको निहारती गई,
मूक बैठी अपनी स्वप्न सजाती गई।

शनैः शनैः आभरण को उतारती गई,
मैली चिथरी आवरण में सिमटती गई।

स्वार्थी संसार का सामना करती गई,
बुझते हुए दीपक में घृत डालती गई।

आशा की ज्योति मनन को जगा गई
विश्वास कर उस पर सर्वस्व लुटा गई।

माया की नगरी में मदहोश होती गई,
पुत्र मोह जाल में उलझती चली गई।

उम्मीद की घड़ियां जब पास आती गई,
न जाने तब किसकी नजर में अटक गई?

उन्मुक्त गगन में एक दिन वो उड़ती गई,
सभी आस टूटकर जमीं पे बिखर गई।

एक एक टुकड़े को हथेली पर रखती गई,
ओस की बुंदो से अपनी प्यास मिटाती गई।

कर्तव्यनिष्ठ, आदर्श का सीख सिखा गई
नारीत्व और मातृत्व का वह पाठ पढा गई।

✍ सिन्दु झा

नारी शक्ति

मेरे से संसार बना है
मैं ही हूँ जगत जननी
अद्भुत सृष्टि रची ईश ने
गौर से देखो मेरी करनी।
बचपन से ही घर संवारती
माँ का दाहिना हाथ बनकर
शिक्षा- दीक्षा में भी आगे
बाबूल की मर्यादा रखकर।
आँगन छोड़ वाटिका बैठी
पंख लगा कई उड़ान भरी
पंकज पुष्प चुनते चुनते
बन गए काँटे हाथ की चूड़ी।
इस डाल से उस डाल पर
नहीं कोई घोंसला अपना
फिर भी मन न्योछावर कर
सदा भानु की तरह तपना।
सारी सीढ़ियाँ चढ ली मैंने
ना पा सकी अपनी मंज़िल
पिता पति पुत्र के महलों में
आदर्श की ज्योति झिलमिल।

✍ सिन्धु झा

स्त्री की दुर्दशा

कितने ही कानून बने
कितनी मिली आजादी
फिर भी मूक रहता है सब
देखकर मेरी बर्बादी।
किसी ने रक्तबीज बहाया
किसी ने फेंका कुड़ेदान में
किसी ने गोस नोच कर खाया
जिन्दा जला दिया मैदान में।
लक्ष्मी दुर्गा पूजन करते
रहकर के नित निराहार
उसी रुप देवी पर सब दिन
हो रहे हैं अत्याचार।
अपनी भूमिका निभा रही
पग पग पर तेरे संग चलकर
मेरी अहमियत को न परखा
खेल रहा खिलौना समझकर।
जाग गई हूँ मैं नींद से
निर्बल नहीं सबल बनकर
इज्जत और अधिकार चाहिए
रहूंगी साथ साया बनकर।

✎ सिन्दु झा

माँ

ऐ माँ तेरे लिए हम क्या लिखें ?
तुझसे ही तो सब कुछ सीखें।

मुझे खून का ञ पिलाकर,
दबाकर रखी अपनी चीखें।।

कितनी उलझन झेली तुमने,
कितनी पीड़ा सह ली तुमने।

मगर शिकायत नहीं किसी से,
ममता की वर्षा लगी बरसाने।।

चलते फिरते थामें बाहें तेरी,
बीते न भटकी पथ दिशा मेरी।

ईश भी नतमस्तक तुम्हरे आगे,
तीनों लोक में दया की तू ढेरी।।

जब मन विचलित हो उठता है
तब याद तुम्हे ये तन करता है।

फिर कही बिसरी उन कथनो से
कुछ पल शकुन मिल जाता है।

एहसास हुआ उस दिन मुझको
जब गोद लिए अपने बच्चों को।

निशा जागरण महिने भर बीते
ऐ माँ, शत शत नमन है तुझको।

सिन्दु झा

रचनाकार परिचय

अरविंद भट्ट

पिता	:	स्व.श्री भारतलाल भट्ट
माता	:	श्रीमती मालती भट्ट
जन्म तिथि	:	01-05-1975
शैक्षिक योग्यता	:	स्नातकोत्तर(हिंदी साहित्य एवं समाज शास्त्र), बी.टी.आई एवं बी.एड.
लेखन विधाएँ	:	कविता, ग़ज़ल, गीत, लघुकथा, कहानी।
सम्प्रति	:	माध्यमिक शिक्षक, विकासखंड अकादमिक समन्वयक, जनपद शिक्षा केन्द्र, मोहखेड़, छिंदवाड़ा
पता	:	सुरभि कॉलोनी, चंदननगर, छिंदवाड़ा, मध्यप्रदेश-480001
रचना प्रकाशन	:	देश के अनेको पत्र पत्रिकाओं तथा साझा संकलनों में 100 से अधिक कविताओं का प्रकाशन, पलाश, भारत@75, मेरी प्यारी माँ तथा काव्य कुसुम, एक कदम, वसन्तोत्सव साझा काव्य संकलन में रचनायें प्रकाशित।
पुरस्कार	:	नेशनल यूथ प्रोजेक्ट एवं सर्विस ऑफ द पीपल्स सोसायटी द्वारा उड़ीसा में 'राष्ट्रीय युवा प्रेरक सम्मान', राज्य शिक्षा केन्द्र भोपाल आयुक्त महोदय द्वारा डिजिलेप पढ़ाई उत्कृष्ट कार्य हेतु सम्मान, अनमोल सृजन, नेशनल मीडिया फाउंडेशन नई दिल्ली द्वारा छत्तीसगढ़ राज्यपाल महामहिम सुश्री अनुसुइया उइके के हस्ते 'संभागीय शिक्षक सम्मान-2019', नेहरू युवा केन्द्र छिंदवाड़ा से 'जिला युवा उत्कृष्ट आवार्ड'।
चलित दूरभाष	:	8770457404

नई सदी की स्त्री

मुझे लगता है,

अक्सर स्त्री प्रेम में पड़कर

या भावुक होकर,

बदल लेती है अपना व्यवहार, , ,

मैं चाहता हूँ, तुम एक समझदार और

प्रभावशाली स्त्री की तरह रहो, , ,

वैसे ये नही है इतना आसान, , ,

क्योंकि इसमें सबसे पहले है

अपना व्यक्तिगत सम्मान, , , ,

मैं चाहता हूँ तुम, किसी के सामने न झुको

न करो किसी की जी हुजूरी कभी

हाँ लेकिन जब सही हो तुम,

तुम सबकी हाँ में हाँ, और न में न कहो,

बात को समझ कर अपनी अभिव्यक्ति करो,

झूठ की डोर बांधने से रिश्ते मजबूत नही होते,

शब्दों को चाशनी में डुबोने से

व्यवहार मीठे नही होते,

तुम फ़िजूल की बातों में मत उलझो,

सार्थकता के साथ तत्थपूर्ण बात रखो,

गहने, कपड़े, जेवरात से सँवरने

की हमेशा मत करो बात

खुद को निखारो आत्मविश्वास,

आत्मसम्मान के साथ

व्यक्तित्व में शामिल हो मासूम मुस्कुराहट,

दृढ़ निश्चय और जज्बात,
तुम गलतियों में टोको भी
लेकिन तकलीफ़ में संभालो भी
व्यर्थ के वार्तालाप से दूर रहो, , , ,
अच्छी किताबों से ज्ञान संचित करो, ,
पुरुष वर्चस्व समाज में
अपनी परिपक्वता प्रदर्शित करो, , ,
पौरूष के समक्ष न हो नतमस्तक
तुम्हारे लहजे में झलके हौसला और हिम्मत, , ,
नई सदी की स्त्री बनकर उभरो
जो अपने सपनों को जीना जानती है
समाज और संस्कृति को भी मानती है, , , ,
अपने विचारों को ऊंची उड़ान दो
अपनी सोच को खुला आसमान दो, ,
खुद के लिए सम्मान बरकरार रखों
और सबको आदर सम्मान दो,
तुम केवल प्रेम के प्रति मत होना
पूर्णतः समर्पित, ,
प्रेम में है बहुत कुछ, लेकिन नही है सब कुछ, , ,
अन्य भाव की तरह, प्रेम भी एक भाव है, , ,
क्योंकि प्रेम में जब विश्वास टूटता है
तो टूट जाती है स्त्री भी, , ,

❧ अरविंद भट्ट

उर्मिला की प्रतीक्षा

टूटती हूँ कभी, बिखर रही हूँ मैं,
वर्षों से प्रतीक्षा कर रही हूँ मैं, , ,
उर्मिला हूँ मैं, आपसे उर मिला न
न जी रही हूँ मैं, न मर रही हूँ मैं, , ,

अपने धर्म पर आप निकल पड़े,
स्वप्न में आप जैसे सम्मुख खड़े,
दूर रहकर भी अधिकार जताते हो
निर्मम, निष्ठुर हो आप निर्मोही बड़े,

व्याकुल न होना कहा था आपने,
धीरज धरकर हरपल ठहर रही हूँ, , ,

यहीं तो हूँ पर जैसे यहाँ नही हूँ मैं
सबके साथ हूँ पर और कहीं हूँ मैं,
पीड़ा बताती हूँ गर आपको अपनी
गलत कहोगे पता है पर सही हूँ मैं

साथ सभी है मेरे पर जाने क्यों?
अपने अकेलेपन से ही डर रही हूँ, , ,

आँखों में छुपी हुई अश्रुधार है,
नैनो में शिकायत मिश्रित प्यार है
मन की व्यथा मन में ही छुपाए

बेमतलब का ही ये साज़ श्रंगार है

दिवस जैसे तैसे व्यतीत होता,
डरावनी रातों में सिहर रही हूं मैं, , ,

14 वर्षो तक चैन है न आराम है
आपकी प्रतीक्षा ही मेरा काम है,
आपके आने पर दीप जलाऊंगी
स्वागतउत्सुक, नयन अविराम है,

जागती आंखों से मैं सोती हूँ,
कैसे हालातों से गुजर रही हूँ मैं, ,
वर्षो से प्रतीक्षा कर रही हूं मैं, , ,

✍ अरविंद भट्ट

रचनाकार परिचय

रवि शंकर साह

जन्म	: 16 जनवरी 1982
पिता	: स्वर्गीय जय शिव साह
माता	: कैथा देवी
सहधर्मिणी	: पूनम देवी
पत्राचार का पता	: सर्वोदय आवसीय विद्यालय, रिखिया रोड़, कुरुमटांड, बलसारा, बी0 देवघर झारखंड 814113
सम्पर्क सूत्र	: 7488742564
ईमेल	: r7488742564@gmail. com
शिक्षा	: स्नातक (राजनीति शास्त्र)
पूर्व में	: 10 वर्ष तक बतौर संवादाता विभिन्न हिन्दी दैनिक पत्र - पत्रिकाओं कार्य करने का अनुभव व 8 वर्ष तक विभिन्न टीवी चैनलों में।
वर्तमान में	: राष्ट्रीय संयोजक- साहित्य समागम भारत, सचिव- सर्वोदय फाउंडेशन ट्रस्ट (रजि.), निदेशक - सर्वोदय आवासीय विद्यालय, देवघर, जिला कोषाध्यक्ष - जनवादी लेखक संघ (जलेस), देवघर, झारखंड, मीडिया प्रभारी- जिला प्राइवेट स्कूल एसोसिएशन, देवघर, झारखंड।
सम्मान	: महाकवि नीरज सम्मान वर्ष 2020, विश्व हिन्दी रचनाकार मंच, रविन्द्र चन्द्र भौमिक स्मृति साहित्य भूषण सम्मान, आर सी भौमिक मेमोरियल ट्रस्ट (पश्चिम बंगाल), गुरु बृहस्पति सम्मान, साहित्य संगम संस्थान, नई दिल्ली

दहेज में जलती बेटी क्या कहती

घुट घुट कर जी रही हूँ मैं।
आहें भर भर मर रही हूँ मैं।

जिस अग्नि को साक्षी मान,
जीवन पथ पर बढ़ रही थी मैं।
उसी अग्नि की ज्वाला में अब,
तिल तिल कर मर रही हूँ मैं।

सात फेरों से बंध गया है जीवन
वचनों से बंधकर, अकेले ही चली थी मैं।

क्या पता था कि एक दिन
उसी आग में जल मरूँगी मैं।
जिसको हमने अपना माना।
जिस पर अपना तन मन वारा।

उसने ही मेरा जीवन छीना।
मुश्किल कर दिया मेरा जीना।

बेटी का जीवन ऐसा होता क्यों?
दूजे संग दूजे के घर भेजा जाता क्यों?
नाजों से जिसे पाला है जाता।
परायों के संग क्यों बांधा जाता?

माँ बाबा तुम भी कम दोषी नहीं,
मिले उसे सजा फाँसी से कम नहीं।

तुमने कलेजे के टुकड़े के साथ,
धन- दौलत और सौगात दिया।
इससे ही दहेज लोभियों का मान बढ़ा।
जुल्म पर जुल्म ढ़ाहता चला गया।

इतने से भी जी नहीं भरा, तो
आग के हवाले मुझको किया।
कोई बताये, बेटी का कसूर है क्या?
जिसने अपना जीवन औरों को दिया।

तन मन अपना सब वार कर जिया।
फिर भी मेरे नहीं हुए क्यों पिया?

बेटियों को दे दो, तुम ये एक वचन।
ब्याहेंगे बेटी अब उस घर आंगन में,
जहाँ भर जाये, खुशियों से दामन।
बेटी सब देंगे सिर्फ उन्हीं के घर में।

जहाँ दहेज का नाम न हो।
जहाँ दहेज की मांग न हो।

— रवि शंकर साह

जाओ बेटी ससुराल

जाओ बेटी, जाओ बेटी, जाओ ससुराल रे।

सुख से रहना, गम न करना।

है ये आशिर्वाद रे।

हुई तू परायी बेटी।

रहा न अब अधिकार रे।

जाओ बेटी, जाओ बेटी, जाओ ससुराल रे।

महके तेरा जीवन मधुवन,

खुशियों से भर जाए दामन।

बाबुल का ले तू आशिर्वाद रे।

जाओ बेटी, जाओ बेटी, जाओ ससुराल रे।

बाबुल की दुआओं से बेटी,

भरा रहे तेरा संसार रे।

छोड़ के हम सब का साथ,

जाओ बेटी लेकर साथ,

यादों की बारात रे।

जाओ बेटी, जाओ बेटी, जाओ ससुराल रे।

तुम्हें विदा करके बेटी,

रोता हृदय जार जार रे।

जाओ बेटी, जाओ बेटी, जाओ ससुराल रे।

कैसा ये दस्तूर बनाया?

कैसा ये रिवाज रे।

जाए छोड़ कर के बेटी,

बाबुल का घर द्वार रे।

रोये माता, रोये पिता,

साथ में सखियाँ सौ बार रे।

जाओ बेटी, जाओ बेटी, जाओ ससुराल रे।

सास-ससुर की सेवा करना,

यही धर्म यही संस्कार रे।

इसे आशिर्वाद समझ कर

लुटाना अपना प्यार रे।

जाओ बेटी, जाओ बेटी, जाओ ससुराल रे।।

— रवि शंकर साह

रचनाकार परिचय

फौजी मुंडे सोहन लाल मुंडे

जन्मतिथि	:	10-8-88
जन्म स्थान	:	गाँव झींझरपुर जिला -कुरुक्षेत्र हरियाणा 1
पिता	:	स्वर्गीय श्री रामपाल मुंडे
माता	:	स्वर्गीय श्रीमती सरबती
शिक्षा	:	12वीं
संप्रति	:	मजदूरी
प्रकाशित कृतियां	:	बेटियां साँझा काव्य प्राची डिजिटल पब्लिकेशन, स्पन्दन साँझा काव्य संग्रह, नर्मदा प्रकाशन मे दो साँझा काव्य संग्रह, रोटी की क़ीमत साँझा काव्या संग्रह, साहित्यनामा पत्रिका मे प्रकाशित रचनाएँ
लेखन विधा	:	कविता, गजल
संपर्क	:	9728109055
ईमेल	:	sohan.fauji9055@gmail. Com
पता	:	डाक खाना -बारना तहसील थानेसर

औरत की ख्वाहिशें

औरत की ख्वाहिशें बहुत बार मरती है
उसकी सांसे न जाने कितनी बार घुटती है।

पर ये देखा नही कभी इस समाज ने,
और जिसने देखा उसने एहसास न किया,
जिसे एहसास हुआ चुप्पी साध ली।

पर अब औरत ही जब मौन है
तो ख्वाहिश इसकी फिर कौन है ?

शायद औरत अपने अन्दर के स्त्रीत्व को देखकर
और कभी इस समाज और
अपने परिवार को सोचकर
ख़ामोशी में अपने अन्दर रहती है।
वो इसलिए अपने ख्वाबों पर
अपनी कितनी इच्छाओं पर
अनगिनत बार चलाती खंजर रहती है।

✍ फौजी मुंडे सोहन लाल मुंडे

औरत की कुछ कहानिया मौन सी होती है

औरत की कुछ कहानियाँ मौन सी होती है,
और उसके अंतर्मन से कहती रहती है,
तेरी तरह कविताओं सी कौन होती है ?

और ऐसी कहानियाँ चिल्लाती है अरण्य में,
पतझड़ के पत्तों में, बारिश की बूंदो में,
कभी कभी उसके माथे की बिंदिया में,
कभी खनकती कलाई की चूड़ियों में।

कभी ठहर जाती आँखों की नमी पर,
और बहती रहती है निरंतर जमीं पर,
किसी नदी की कल कल करती धरा में।

मगर इसे सुने, समझे महसूस कौन करे ?
ऐसी संवेदनशील दुनिया कौन सी होती है ?
तभी बरसो से अब तक और अब से कल तक
औरत की कुछ कहानियाँ मौन सी होती है।1

🖋 फौजी मुंडे सोहन लाल मुंडे

ब्लैक हॉल

मैं औरत में उनकी
खिलखिलाहट को तलाशता हूँ,
मैं उनकी मौन अवस्था को
कुछ कुछ पहचानता हूँ।

शायद औरत की खिलखिलाहट
ब्रह्मण्ड के किसी ब्लैक हॉल में समा गई।
घुट रही थी सांसे इनकी
अब इनको जिंदा लाश बना गई।

काश कि कोई ब्लैक हॉल यहाँ भी होता,
जो पुरुष की बुरी नजर उसकी हवस को समा लेता।

✍ फौजी मुंडे सोहन लाल मुंडे

बर्बादी का मंजर क्यूँ

आजाद हो कर भी बर्बादी का मंजर क्यूँ?
प्रेम की इस नदी में खून का समन्दर क्यूँ?

देखो अतीत देखो ये वर्तमान का नज़ारा,
दोषी जग सारा कोई खौफ इसके अन्दर क्यूँ?

वासना के दरिंदों से बचने के लिए बार बार,
उसके सीने पर तेजाब कभी चलते खंजर क्यूँ?

त्याग अपना घर परिवार को वो आ जाती है,
दहेज लोभी बना देते हैं उसको खंडहर क्यूँ?

हर बार वो इस अबला स्त्री पर कर प्रहार,
आदमी बना रहता इस जात पर सिकंदर क्यूँ?

✍ फौजी मुंडे सोहन लाल मुंडे

रचनाकार परिचय

कंचन झा

जन्म तिथि	:	09. 02. 1984
जन्म स्थान	:	दरभंगा, बिहार
पिता	:	श्री सिंहेश्वर नाथ झा
माता	:	श्रीमति रेखा झा
शिक्षा	:	M.sc, B Ed
संप्रति	:	स्वछंद लेखन, स्वछंद कलाकार
प्रकाशित कृतियाँ	:	मैथिली (साझा संकलन), मेरी माँ मेरे एहसास(साझा संकलन)'बेटियाँ (साझा संकलन), किताब(मन के पन्ने), नव सृजन (साझा संकलन), भारत @75, मेरी नजर से (साझा संकलन), आंकुर, कर्णमृत इत्यादि पत्रिकाओं में समय समय पर रचनाएं प्रकाशित।
लेखन विधा	:	कविता
उपलब्धियाँ	:	मैथिली गौरव 2022, नव सृजक सम्मान 2022, बानी साहित्य सम्मान 2022, माँ साहित्य सम्मान 2022, साहित्य समीक्षा कलमकार सम्मान 2022, प्राची कलमकार सम्मान 2022

माँ भारती की बिंदिया

माँ भारती

तब मुस्काती है

जब उनकी बिंदिया

सामर्थ्य दिखाती है।

भाल हो जाता है ऊंचा

जब बेटियाँ

आसमान सी

ऊंचाइयों को

छूती चली जाती है।

पोषित होता है

हिय माँ का

जब

उनका ही रूप

धरणी सी बनकर

बड़ी से बड़ी चुनौती भी

धारण करती है।

पग पग पर

सुन्दर कुसुम

खिलाती है।

तो बिंदियों को

पोषित होने दें।

माँ का भाल

उन्नत होनें दें।

कंचन झा

बिंदिया

वो छोटी सी
नन्ही सी
बिंदिया हमारी
बड़ी हो चली है
हमारे ही माथे से
लगकर हमारा
सजाया है मुखड़ा
सदा से, सदा से
उसी गोल घेरे में
स्तित्व मेरा
यूँ पोषित हुआ है
निखर सा गया है।
कदम दर कदम
जो मिली है चुनौती
निभाते निभाते
बढ़े हैं, बढ़ेंगे।
कि उलझी लटों को
भले न सजाया
हाँ बिखरे जो रिश्ते
सजाते चले हैं।
ये माथा सजाया है
बिंदिया नें मेरी
कि बिंदिया का घेरा
सम्हाले चले हैं।

सफर

स्वयं की तलाश में
चले जा रहे हैं
अनुभव हज़ारों
किए जा रहे हैं
कि पग पग पे
नित दिन
नए हैं किनारे
किनारों से मोती
चुने जा रहे हैं
चले जा रहे हैं
चले जा रहे हैं
कि जीवन की राहों में
जो भी मिला है
वो मेरा है, खुद का
जो अनुभव चुना है
मेरा ही रहा है
ये निर्णय कि
अनुभव जुटाऊंगी कैसे
ये नदियां भंवर वाली
नौका को अपनें
बढ़ाऊंगी कैसे।
कि जब भी डगी मैं
सहारा मिला है
डगर कांटों वाली

किनारा मिला है।
वो साथी जो राहों में
मोती सजाए
उन्हीं मोतियों की
है गूंथी ये माला
जो संग संग चला है
सफर में हमारे
वो पग पग हमीं में
यूं घुलता मिला है।
सुमन ही नहीं बस
मिले भी हैं कांटे
जो मुस्कान पाई
तो अनुभव भी पाया
कि दोनों से खुद को
बनाते चले हैं
किनारों के मोती
सजाते चले हैं।

✒ कंचन झा

रचनाकार परिचय

रामशंकर प्रजापति 'अकेला'

जन्म तिथि	:	20 मार्च 1989
जन्मस्थान	:	ग्राम खरसेंडवा, जिला-फतेहपुर उत्तर प्रदेश, भारत
पिता	:	श्री छेदी लाल प्रजापति (विशिष्ट एवं प्रतिष्ठित समाजसेवी)
माता	:	श्रीमती मीना देवी
पत्नी	:	ज्योति प्रजापति (M.A.B Ed)
शिक्षा	:	M.A.(इतिहास हिंदी)
संप्राप्ति/कार्य	:	अध्यापक, लेखक, पत्रकार
लेखन विधा	:	कविता कहानी और ग़ज़ल
विषय	:	सामाजिक, राजनैतिक, धार्मिक, और मौलिक
पता	:	'अकेला नगर' ओसा रोड़ मंझनपुर पिन-212207
ईमेल	:	rsprajapati000@gmail.com
संपर्क सूत्र	:	7985254265 - 9984565819
विशेषताएं	:	अकेला जी की रचनाएं यथार्थवाद का चित्रण है जो अपने आप में एक अद्भुत प्रतिभा बिखेरती हैं।
विचारधारा	:	अकेला जी की वैचारिक यात्रा आदर्श और मानवतावादी है जो एक अच्छे सामाज सेवी परोपकारी एवं कुशल मार्गदर्शक के रुप में हमेशा अग्रसर हैं। सामाज सेवा के प्रतिष्ठित पद को आज भी अपने अल्ल्हडपन से गौरवान्वित किए हुए हैं।
साझा कृतियां	:	अंतर्मन की गूंज, पलाश, बाल-गुंजन, आत्मजा, किलकारी, भारत@75 रचनाकार कविताएं, मेरी नजर से, किताब मन के पन्ने, अमर जवान, मेरी मां मेरे एहसास, नव सृजन।

बिन बेटी

बिन बेटी घर कैसे होवे?
जैसे दल पुंज कीड़े होवे।
पत्ते पत्ते जैसे चलनी होवे,
बिन बेटी घर ऐसे होवे।।

बिन बेटी घर कैसे होवे?
बिन पुष्प के मधुबन होवे।
बिन पूत जैसी जननी होवे,
बिन बेटी घर ऐसे होवे।।

बिन बेटी घर कैसे होवे?
बिन सूरज की धूप होवे।
जैसे चांद बिन चांदनी होवे,
बिन बेटी घर ऐसे होवे।।

बिन बेटी घर कैसे होवे?
बिन मधु मधुरस होवे।
बालक बिन बचपन होवे,
बिन बेटी घर ऐसे होवे।।

बिन बेटी घर कैसे होवे?
बिन बाँची वो पाती होवे।
जैसी जल बिन मीन होवे,
बिन बेटी घर ऐसे होवे।।

तुम मेरा गहना

आइने में अपनी आँखें पढ़ना,
अपना नाम लिख कर पढ़ना।
कुछ पंक्तियाँ होंठो पर रखना,
मेरी लिखी हुई कविता पढ़ना।

मन मिलने का आंखो में मिलना,
आंखों आंखों में स्नेहिल रखना।
अपने दिल में एक पाती गढ़ना,
तब राधा की प्रेम कहानी पढ़ना।

कुछ लफ़्ज हवाओं में लिखना,
जब मीरा सी प्रेम दिवानी बनना।
यूं प्रफुल्लित गुलाब सा खिलना,
भवँरे की गुंजन गुंजित सुनना।

बिन मौसम बिजली सा मचलना,
बादल की तडफ़ उर में रखना।
मृदुल मचलन सांसे लम्बी भरना,
तब धड़कन सुनना तुम मेरा गहना।

राम शंकर प्रजापति 'अकेला'

जीवन साथी

सच कहता हूँ तुमसे मिलकर,
आती बचपन यादें है साथी।
तुमसे है अस्तित्व की सुगंध,
अब मन आह्लादित है साथी।।

सच कहता हूँ तुमसे मिलकर,
आती रिमझिम बदरी है साथी।
तुमसे ही तो बिन बादल,
ये प्रेम बरसता है साथी।।

सच कहता हूँ तुमसे मिलकर,
अब आत्म प्रबल है साथी।
तुमसे ही जीवन है अमृत,
स्नेह टपकता है साथी।।

सच कहता हूँ तुमसे मिलकर,
आती बसंती यादें है साथी।
तुमसे है जीवन का आधार,
ये सतरंगी फ़िजा है साथी।।

सच कहता हूँ तुमसे मिलकर,
मन एहसास भारी है साथी।
तुमसे ही उपजा पहला प्यार,
तुम ही तो हो जीवन साथी।।

आगाज बेटी की

क्रोध की ज्वाला लिए,
रात बीती रतजगों में।
अखंड ज्योति जल रही,
रक्त उबलता है रगों में।।

कल का ये भव्य भारत,
आज धूसरित है करों में।
अधमुर्दें ये शांत लोचन,
तब गति आई है पगों में।।

अब रण में तू है सबल,
लेखनी में कर तेजधार।
फिर नहीं कोई दृष्टि डाले,
शत्रु की तू गर्दन उतार।।

वीरांग्ना सी उमड़-उमड़,
रण भूमि लाशों से पाट।
घटे अरि आभा निरंतर,
सीस निश्चित अब काट।।

तू है लक्ष्मी बाई स्वरूपा,
तू है अटल महारानी।
पकड़ तू विधि की लेख,
जन करेगा जब अगवानी।।

रचनाकार परिचय

आशा शुक्ला

जन्म स्थान	:	ग्राम बंथरा, शाहजहांपुर, उत्तरप्रदेश।
पिता	:	श्री श्यामनारायण अवस्थी।
माता	:	(स्व.)श्रीमती सरवती देवी अवस्थी।
पति	:	श्री बृजकिशोर शुक्ला।
शिक्षा	:	स्नातकोत्तर हिन्दी साहित्य।
लेखन विधा	:	कहानी, कविता, उपन्यास, लेख आदि।
संपादन	:	'काव्य-शतक' साझा काव्य संग्रह।
प्रकाशित कृतियाँ	:	साझा संग्रह-- 'भारत@75', 'मेरा गांव', 'पिटारा', 'शहादत एक इबादत', 'जिद जीत की', 'दो टूक जिंदगी', 'उत्तर-आधुनिक काव्य : 21वीं सदी की कविताएं', 'माहिया के हस्ताक्षर', 'पलाश', 'काव्य-शतक', 'भावनाओं के परिंदे', 'लघुकथा प्रदीप'।
उपन्यास	:	'जल बिच मीन पियासी।'
प्राप्त सम्मान	:	प्रतिलिपि एप पर कई कहानियाँ पुरस्कृत, विभिन्न साहित्यिक संस्थाओं द्वारा प्राप्त सम्मान, उत्तरप्रदेश के कैबिनेट मंत्री द्वारा साहित्य सम्मान।
पता	:	ग्राम व पोस्ट- बंथरा, जिला-शाहजहाँपुर (उत्तरप्रदेश)
ईमेल	:	studywithmayank@gmail.com
दूरभाष	:	8052305159, 9140728450

नारी जीवन के अलग –अलग रूप

डोली में गोरी चली, प्रेम नगर को आज है।

आंसू बहते आँखों से रुँधी हुई आवाज है।

गले मिल कर रोती कहती बेटी से माता है।

जा बेटी ससुराल, यहीं तक हमसे नाता है।

रोते बहना, भ्रात, करते हैं रोदन हमजोली

जग की है रीति यही चली बेटी की डोली।

अँखियों में कजरा लगा, प्रिया छिपी जा ओट है।

तिरछी चितवन से करती वह सीधे मन पर चोट है।

होंठ मूंगा से लाल रसीले नैन उसके कजरारे हैं।

हंस हंस करें प्रेम की बात, मधुप नैनों से हारे हैं।

जागे पूरी रैन लगी आस मिलने की पल-पल है।

प्रियतम का छीने चैन, प्रिया का गजरा काजल है।

बालों में अब झलके चांदी, घटाओं से काले बालों में।

कहां गई वह होंठों की रंगत, जो लाली थी गालों में।

देख जरा मुड़ कर तू मुझको कह कर यौवन मुस्काया।

जरा बता दे मुझको तू गोरी क्या याद तुझे कुछ आया।

देख सजे संसार को अपने विहँस गृहणी ये बोली।

कैसा दुख ! मेरा ही प्रतिरूप सामने देख संतति ये भोली।

आशा शुक्ला

फिर बहू कहां से आयेगी

पढ़लिख कर जब हुए सयाने, ज्ञान कुछ ज्यादा आया।
स्वार्थ का ही पाठ पढ़ लिया, बस मतलब ही भाया।

अति स्वार्थ में होकर अंधे, तकलीफ उठाने से डरते हो।
टाँग अड़ाकर तुम अपनी, कुदरत को छेड़ा करते हो।

करवाकर सोनोग्राफी तुम, हत्या बेटी की करते हो।
फिर करके ऊंची गर्दन को, मानवता का दम भरते हो।

जाने कितनी ही नन्हीं लाशें, झाड़ी में फेंकी जाती हैं।
लाश नोचते देख कुत्तों को, दरिंदगी भी आंख चुराती है।

हैवानियत की ये हद है, क्या आत्मा मुर्दा हो जाती है।
सुनकर इतनी नन्हीं चीखें, ये सुकून कहां से पाती है।

अभिशाप नहीं है बेटी तो, कुदरत का ही वरदान है।
निर्मल जल की धारा सी, कोमलता ही पहचान है।

बेटी ही जब नहीं बचेगी, फिर बहू कहां से आएगी।
असंतुलन हो जाएगा फिर, सजा सृष्टि भी पाएगी।

आशा शुक्ला

लव जिहाद

यह वीरों की धरती है, यह हवा यहाँ की कहती है।

मर मिटो आन पर अपनी शान अमर तब रहती है।

अदम्य शौर्य और साहस की मूरत रानी लक्ष्मीबाई थी।

रानी चेन्नम्मा अवंती बाई स्वयं दुर्गा की परछाई थी।

ऐसी ही असंख्य वीरांगनाओं ने अपना बलिदान किया।

आजादी की लड़ी लड़ाई अपना जीवन कुर्बान किया।

वही देश है वही धरती है आज हवा है बदली बदली।

आत्मसम्मान को झोंक भाड़ में आधुनिका बेटी कहाँ चली।

सोशल मीडिया में फ्रैंड बना कर बातें उनसे करती हैं।

बातें चार मीठी सुनकर ही अनजाने शख्स पर मरती है।

पता नहीं कुछ उनके बारे में शहजाद बना बैठा है राजू।

वह जान लुटाए बैठी हैं अब गर्दन के गिर्द कसे बाजू।

लव जेहाद में फंसकर बेबस फंसी जाल में है चिड़िया।

फिर छोटे -छोटे टुकड़ों में कटकर मरती मोम सी गुड़िया।

जरा चेतो तो प्यारी बेटी कुछ पढ़ो पद्मिनी का जौहर।

आन पर मर मिटी थी देवी पर खिलजी को नहीं बनाया शौहर।

दैदीप्यमान ज्योति वो रूपवती स्वाभिमानिनी कोमल बदना।

जल पावक में भस्म हुई पर मंजूर नहीं था उसको झुकना।

हाँ ! समझो तुम भी अपना गौरव मर्यादा को अपनी जानो।

लव जिहाद को मारो ठोकर अपने अस्तित्व को पहचानो।

आशा शुक्ला

मेरी आशा रही मरीचिका

माँ- बाप के घर जब तक रही, मैं रही सभी की प्यारी।

भैया की मैं गुड़िया थी, मम्मी पापा की राजदुलारी।

कभी नहीं जाना था मैंने, ये अपना घर होगा बेगाना।

छोड़ कर ये आशियाना, कहीं और पड़ेगा जाना।

लेकर रुपयों की ढेरी मैं, अपने घर में जब आई।

पिछले जीवन का हिस्सा मैं, वहीं विसर्जित कर आई।

मेरा प्यारा प्यारा बचपन, मायके के अंगना में छूटा।

लेकिन अपने नए इस घर में, दिल कई टुकड़ों में टूटा।

मर्मान्तक पीड़ा सहकर ही, संतति को धरती पर लाई।

खोकर चैन रैन दिवस का, तब जननी की पदवी पाई।

मल मूत्र की घृणा छोड़कर, कर सफाई स्वच्छ बनाया।

खुद गीले में सोकर मैंने, सूखे में उसको सदा सुलाया।

कुछ कहे बिना सब सहती, इस तथ्य को पूरे जग ने माना।

अथाह ममता असीम धैर्य है, शक्ति को सबने पहचाना।

पर मेरा संतति में नाम नहीं, पहचान पिता से उसकी है।

बनी नींव की ईंट गड़ी मैं, ऊपर सुंदर इमारत सजी है।

मुझे लगा सब खोकर मुझको, अपना घर संसार मिला है।

मेरे कड़े श्रम का प्रतिफल, मुझे समान अधिकार मिला है।

अपनी अथक सेवा से मैंने, अपने घर को स्वर्ग बनाया।

पर मेरी आशा रही मरीचिका, मैंने दर्जा दासी का पाया।

आशा शुक्ला

रचनाकार परिचय

स्नेहा धनोदकर

जन्म तिथि	:	9.5.1985
जन्म स्थान	:	धार (मध्य प्रदेश)
पिता	:	स्व. श्री सदानंद टिल्लू
माता	:	श्रीमती कल्पना टिल्लू
पति	:	श्री अभिनव धनोदकर
शिक्षा	:	स्नात्तकोत्तर
संप्रति	:	सरकारी कर्मचारी
प्रकाशित कृतियाँ	:	कल्पना -मेरे शब्दों कि
लेखन विधा	:	कविता, कहानियाँ
संपर्क	:	368/9, तिलक नगर इंदौर
ईमेल	:	snehadhanodkar@gmail.com
दूरभाष	:	9827799090

झुमका

आज पहली बार कहा उनसे हमने

चाहिए एक तोहफा आपसे

कह कर 'न' उन्होंने तोड़ दिया दिल

क्या करे उन्हें समझाना है मुश्किल

फिर लगा कि हमने कहा ही क्यूँ

जरूरत ही क्या मांगने कि तोहफा

एक झुमके कि ही तो चाहत थी

खरीद लिया होता खुद से..

उन्होंने भी कुछ यूँ ही कहा

फिर हम चुप हो गए

कह न पाये कि बात

एक अदद झुमके कि नहीं

उनकी पसंद की थी

जिसे हम खुद पर सजाना चाहते थे

✍ स्नेहा धनोदकर

नयी नवेली दुल्हन

सुन्दर सजीली मृगनयनी सी वो नयी नवेली नार,

काजल, बिंदी, झुमका, कंगन करके सोलह श्रृंगार,

सजना के लिये सजा के नथनी, आयी वो पहली बार,

राह तकती खड़ी द्वार पर, मन मे लिये वो प्यार,

नया नवेला सजन है उसका नया नया संसार,

आँखों मे बसी है उसके नयी आशाएँ अपार,

सपन सलोना देखे है वो सजना तोहे निहार,

इंद्रधनुष के रंगो का चढ़ा है उस पर ख़ुमार,

प्रेम रंग मे सज जाये दुनियाँ बन जाये प्रेम आधार

करें प्रार्थना मन में यही खड़ी द्वार पर करें इंतजार

स्नेहा धनोदकर

प्रेम

राधा का था प्रेम सच्चा या

रुक्मणि का था ज्यादा अच्छा

कोई कैसे करें साबित ये सब

मीरा का भी न था वादा कच्चा

राधा ने कहा

मैं तो हो गयी थी बलिहारी

बाल कृष्ण अदाएँ निराली

बांसुरी की धुन पर नाची

खिला उसे माखन की प्याली

रुक्मणि ने जवाब दिया

मेरी तो कर दी पार नैय्या

बन तारण हर मेरे खवेय्या

गीता के उपदेश सा जीवन

द्वारकाधीश सा मेरा साजन

मीरा शांत सी कहे ये

मेरे तो बस गिरधर गोपाल

चाहें द्वारकाधीश कह लो

या कह लो गोकुल का बाल

उनके प्रेम मे रंगा मेरा जीवन

उन्हें किया मैंने सबकुछ अर्पण

तीनो की अपनी अपनी कहानी

किसी ने ना कहीं कभी किसी से

न किसी की रही किसी से अनजानी

तीनो ही थी बस कृष्ण की दीवानी

वरदान

माँगू एक दिन भगवान से ये वरदान,
भले ही दो दिन सही पर हो वर प्रदान।

है प्रभु स्त्रीत्व का रख लो थोड़ा मान,
पुरुषो के दंभ को दे दो जरा सा ज्ञान।

कहते सदा घर में करती ही क्या हो?
इन्हें भी थोड़ी हकीकत तो बयां हो।

हो जाती काम में ही सुबह से शाम,
पल भर को भी हमें ना मिलता आराम।

इन्हे भी अब थोड़ा सबक सीखा दो,
एक दिन के लिये इन्हें महिला बना दो।

पता लगेगा तब इन्हें भी हम क्या क्या करते है?
गृहस्थी संभालने के लिये हम कितना मरते है।

स्नेहा धनोदकर

रचनाकार परिचय

मनीषा झा

जन्मतिथि	:	15/7/85
पिता	:	डा० सुबोध कान्त ठाकुर
मात	:	श्रीमती साधना देवी
पति	:	श्री संजीव कुमार झा
शिक्षा	:	स्नातकोत्तर
मूल स्थान	:	चपाही, मधुबनी बिहार
वर्तमान	:	रामपुर (सनकोर्थु)
संप्रति	:	शिक्षण, स्वतंत्र लेखन
लेखन विधा	:	कविता, संस्मरण, गीत, लघु कहानी, एकांकी, लेख
प्रकाशित लेख	:	कला आ मिथिला (मैथिली पत्रिका वाची), खड़ पतवार ने ली कला का रूप (हिन्दी पत्रिका कलायात्रा)
सम्मान पत्र	:	प्राची डिजिटल पब्लिकेशन द्वारा मनमर्जियाँक काव्य - सृजन सम्मान
पता	:	ग्राम + पोस्ट - रामपुर (सनकोर्थु), जिला -मधुबनी, भाया - सरिसब पाही
ईमेल	:	jhamanisha362@gmail.com
दूरभाष	:	8678827409

हाँ, हम अपनी पहचान खुद बनाएगें

चुन ली हैं हमने, अपनी राहें

अब पीछे मुड़कर नहीं देखेगें

चाहे कितनी भी मुश्किलें, अड़चनें आएं

जुनून की आग को न बुझने देगें

तोड़ देगें सारी बंदिशें

जो रोकेगीं हमारी राहें

छोड़ देगें वे रास्ते जो चुभेंगे हमारे पैरों में

अब चुन - चुन कर बुनेगें वे सारी लड़ियाँ

जिन्हें हमने दबा कर रखी थी सीने में

मन में किया है एक संकल्प उसे कभी न भुलेगें

हाँ, हम इक्कीसवीं सदी की नारियाँ

मन में गाँठ बान्धकर

स्वयं सहायता समूह बनाकर

एक दूसरे का हौंसला बनकर

सबका साथ सबके विकास का पाठ पढ़ेगें

न मरने देगें अपनी कला की आग को

न झुकने देंगे अपनी शान को

गर्व से कहेगें - हम हैं आर्टिस्ट

मरकर भी अमर हो जाएगें

स्वर्णिम इतिहास के पन्नों में

अपना नाम दर्ज कराएगें

हाँ, हम बहू - बेटियाँ अपनी पहचान

खुद बनाएगें।

मनीषा झा

अभीप्सा

तड़प रही थी

तरस रही थी

अश्रुधारा भी

गर्ई सूख

ढूढ़ रही थी

उनकी आखें

देख रही थी राह

मन से निकल रही

थी एक चाह–

आजा मेरे आँखों के तारे

झलक एक बार

तेरा देखू

जी भरकर तुझे निहारूँ

इस जग से जब मैं जाऊँ

तेरा मुख मेरे सामने हो

देर न करना मेरे दिल के टुकड़े

तेरी माँ ताके रास्ता, ,

काश ! उनकी

अंतर्मन की वेदना

जिगर तक पहुँच पाते

अंतिम यात्रा के

समय में भी वे

चैन से जा पाते !!

मनीषा झा

सूनी कलाई

आज मेरी कलाई
कर रही मुझसे प्रश्न
काश ! तुम उसकी
पीड़ा को समझ पाते तो
आज मैं भी सजती।
कितनी बार उसने खामोश
होकर अपनी व्यथा सुनाई।
मगर तुम न सुन सके उसका
आंतरिक क्लेश।
काश ! सुन पाते तो
आज मैं भी सजती ।

बचपन में जब वह
उदास होती, कैसे बिन
कहे उसकी आँखों को पढ़ लेता
काश ! आज भी उसकी
वेदना पढ़ पाता तो
आज मैं भी सजती ।

☙ मनीषा झा

जो जननी नहीं

मैं लुटाना चाहती ढेर सारा प्यार

देना चाहती हृदय से सम्मान

बनकर रहना चाहती सदैव ढाल

हर लेना चाहती उनकी सारी पीड़ाएँ

उन माँओं के हृदय की भी जो जननी नहीं

मैं लाठी बनकर चलना चाहती

सारी उदासियाँ हटाकर खुशियाँ

भर देना चाहती उनकी सूनी जिंदगी में

तीज - त्योहारों में खाना चाहती

उनके हाथों की मिठाइयाँ

देखना चाहती सदैव उनकी मुख पे

मुस्कान की घड़ियाँ

उन माँओं के चेहरे पर भी जो जननी नहीं

मैं सुनना चाहती उनकी अंतर्मन के हर व्यथा

पूरा करना चाहती उनकी सभी इच्छाएं

करना चाहती उन्हें खूब सारा प्यार - दुलार

उन माँओं को भी जो जननी नहीं

मैं नाँचना चाहती उनके सपने पूरे होने पर

महसूस करना चाहती उनके स्पर्श ममत्व की

बन जाना चाहती उन सभी गोदों की बेटियाँ

उन माँओ को भी जो जननी नहीं

🖎 मनीषा झा

रचनाकार परिचय

अनुराधा प्रियदर्शिनी

जन्मस्थान	:	सोनभद्र
पिता	:	श्री काली प्रसाद पाठक
माता	:	श्रीमती रमा पाठक
पति	:	श्री अरुण कुमार दुबे
शिक्षा	:	M SC (BIOCHEMISTRY), BLIS, B ED.
संप्रति	:	स्वतंत्र लेखन, समाज सेवा, गृहणी।
लेखन विधा	:	कविता, कहानी गीत, संस्मरण, लघुकथाआदि।
संपर्क सूत्र	:	9935058297
साझा संकलन	:	गुलदस्ता, काव्य नगरी, एक कप चाय और जिंदगी, महकते फूल आधुनिक भारत के गजलकार।
संपादन	:	दस मनके, मेरे हमसफ़र, सप्तरंग
संकलक	:	पिता की छांव, आजादी का अमृत महोत्सव।
एकल पुस्तक	:	दर्पण (लघुकथा संग्रह)।

बेटिया क्यों पराई होती है

बेटा हो बेटी हो दोनों में अंश तुम्हारे हैं,
फिर भला बिटिया क्यों पराई होती है ?
नौ माह गर्भ में बेटा-बेटी दोनों रहते हैं,
अंतर नहीं समझो यह बेटी नहीं पराई है।
घर में जब भी बच्चे की किलकारी गूंजती,
नीरस जीवन में खुशियों की वर्षा होती।
ममता से परिपूर्ण वात्सल्य तरंग उठती,
उस चरम आनंद की अनुभूति बेटी देती।
माँ-पापा, दादा-दादी की बिटिया दुलारी,
अपनी मीठी बोली से बेटी सबको हर्षाती।
सुख दुःख में साथ निभाती बन परछाई,
फिर बेटी भला क्यों पराई होती है ?
बेटी जग में माँ बाप का नाम अमर करती,
सीता से ही आज जनक सबकी जुबान पर।
भला कौन पूछता है सीता के भाई का नाम,
सबके कुछ कर्तव्य यहां पूरे कर जाना है।
चार दिनों का जीवन भेदभाव के बीज न बो,
बेटा हो या फिर बेटी दोनों को स्नेह लुटाना।
बच्चों के हृदय में ईश्वर स्वयं विराजित हैं,
भेदभाव को छोड़कर बिटिया को अपनाना।
समझना जरूरी बिटिया नहीं पराई होती है।।

अनुराधा प्रियदर्शिनी

मेरा आगम

मैं नीर भरी ऐसी हूँ एक घटा,
जिसकी आहट से सब सूना।
प्रस्फुरण जब भी मेरा हुआ,
जाने क्यों एक उदासी छायी?
सुधि मेरे आगम की जो थी,
कब खुशियों की बयार चली?
वो धीमी जुबां कहें बिटिया है,
तब भी मन मेरा उदास हुआ।
मायूसी के बादल घिर आते,
भृकुटी पर चिंता की लकीरें।
मेरे हृदय का संताप बढ़ाती,
सोचूँ आखिर क्या दोष मेरा?
नैनों से अविरल मोती गिरते,
वेदना के शब्द भला हैं कहाँ?
कौन हरेगा इस पीड़ा को??
जो अब तक महसूस किया।
जिसके कारण यह जग सारा,
उसी प्रकृति की मैं प्रतिरूप।
जड़ जेतन सब में विस्तार मेरा,
आज स्वयं की तलाश चली।
मानव तन में महिषासुर खड़े,
रूप अनेक धर लेते प्रतिपल।
आदिशक्ति का आह्वान किया,
माँ शक्ति दो मैं विजय कर लूँ।।

मैं भी तुम्हारी संतान

मत करो मेरा तिरस्कार,
मुझे भी जीने का अधिकार।
मैं भी तो हूँ तुम्हारी संतान,
कर दो मुझपर एक उपकार।

खुशियों की सौगात मैं लाती,
घर आँगन में खुशियाँ झरती।
माता-पिता को सुकून मिलता,
जब बेटी इतिहास रच जाती।

किलकारी जब मेरी गूंजती,
बचपन की मैं सैर कराती।
मात-पिता का गुरूर है बेटी,
फिर क्यूं अनचाही कहलाती?

मेरा भी कर लो सत्कार,
प्रेम का मुझसे है विस्तार।
मैं नहीं अनचाही संतान,
मुझको जीने का अधिकार।

प्रकृति पुरुष से ही यह संसार,
शक्ति का मुझसे ही विस्तार।
जड़ में चेतना मैं लेकर आती,
फिर क्यूं आखिर मेरा तिरस्कार?

रोहिणी शशांक मिश्रा

जन्म	:	स्थान कल्याण मुंबई (4 जून 1989)
शिक्षा	:	एम ए. बी.एड., पी एच डी की तैयारी शुरू है
कार्यरत	:	एम .वी.एम. जूनियर कॉलेज ऑफ कॉमर्स अंधेरी मुंबई में हिंदी की शिक्षिका
अन्य कार्यक्षेत्र	:	समाज विकास सेवा संघ संस्था मुंबई की मीडिया प्रभारी और इसी के द्वारा संचालित बाबुल प्रतिष्ठान की संचालिका हूँ जिसके माध्यम से गरीबो और वृद्धो की सहायता करती की जाती है।
सम्मान	:	अब तक कई पुरस्कार भी प्राप्त हुए हैं, जिसमे मुख्यत : शिक्षक विकास परिषद द्वारा कलारत्न अवार्ड कोल्हापुर, शब्द प्रवाह द्वारा नया कलमकार अवार्ड उज्जैन और कई सारे राज्य एवं राष्ट्र स्तर पर पुरस्कार प्राप्त हुए है और हाल ही में अंतरराष्ट्रीय स्तर पर रेड डायमंड अचीवर पुरस्कार भी प्राप्त किया है।

मन की आस बेटियाँ

बेटियाँ मन की आशाएँ होती हैं,

अपने कदमों की आहट से कुछ कहती हैं।

पल पल हर पल नए सपने सजाती हैं,

उनके शब्दों से दिशाएं गूंजती हैं।

परिवार रूपी वसुंधरा के इस पटल पर

सरिता सी बहती है।

प्यार सरोवर का बन चट्टानों के दुखों

पर सुमन के सुख बिखेरती हैं।

बेटियाँ हैं जनाब कहाँ कुछ कहती हैं?

अपने मन के आंगन में पूरी दुनिया समाए रखती है।

एक नया राग सुनहरा अनुराग

नई सुबह की नई किरणों के साथ प्रेम का सरगम सजाती है।

यह बेटियाँ हैं जनाब

फूलों सी बिखरती है और धूप सी खिल जाती हैं

यह बेटियाँ हैं जनाब यह सभी का मन जीत कर दिलों को द्रवित कर जाती है।

✐ रोहिणी शशांक मिश्रा

हंसती बेटियाँ

जब भी बेटियाल हंसती हैं,

तिमिरो पर रोशनी छा जाती है।

घर आंगन महकता है,

प्यार की आवाज गूंजती है।

जब भी बेटियाँ रोती हैं

सभी के दिलों को भारी कर देती हैं।

घर आंगन सूना हो जाता है,

ममता की लहर दौड़ जाती है।

जब भी बेटियाल खिलखिलाती हैं

धूप आंगन में आ जाती है।

तिनके तिनके को लेकर,

चिड़िया नया घरौंदा बनाती है।

बेटी शीतल छाया सी होती है,

मधुर गीत सी होती है।

प्यारी सी होनहार सी,

इतनी नजाकत सी मंदिर में बैठी

देवी मां के रूप जैसी होती है।

बेटियाँ मन की मीत होती हैं।

— रोहिणी शशांक मिश्रा

बेटियाँ एक एहसास

एक खूबसूरत एहसास
परी का स्वरूप
कोमल हृदय लिए
हर दर्द का इलाज बेटियाँ।।

एक प्यारा सा आभास
दृढ़ विश्वास और आस से भरी
मधुर मुस्कान होठों पर लिए
हर दर्द का इलाज बेटियाँ।।

असंभव को संभव करती
गलत को सही करती
सजल नेत्रों में सपने लिए
हर दर्द का इलाज बेटियाँ।।

नासमझ बनकर हर बात समझाती
पिता भाई और मा के लिए
हर किसी से लड़ जाती
खूबसूरत एहसास मन में लिए
हर दर्द क इलाज बेटियाँ।।

रोहिणी शशांक मिश्रा

एक नारी हूँ मैं

यही सवाल मन में कौन हूँ?

अबला और लाचार हूँ यही सुनती हूँ।

लेकिन समझती कहाँ हूँ?

अपने ही आप में उलझी हूँ मैं।

आखिर कौन हूँ मैं?

लगता है कभी एक ज्वालामुखी हूँ।

कभी लगता है काली हूँ।

लेकिन फिर समाज जब देखती हूँ तो

मा का गौरव और पिता का अभिमान हूँ।

सृष्टि की सृजनकर्ता हूँ,

रिश्तों को प्रेम के धागो में पिरोने वाली,

विश्वास की मोतियों की माला हूँ।

मै भविष्य को घड़ने वाली निरंतर,

अविरल चलने वाली समय की धार हूँ।

रोहिणी शशांक मिश्रा

रचनाकार परिचय

वीना उपाध्याय

जन्म तिथि	:	1968
जन्म स्थान	:	मुजफ्फरपुर बिहार
पिता	:	श्री सूर्यनारायण तिवारी(विजिलेंस विभाग में डी.एस .पी
माता	:	श्रीमति चंपा देवी
शिक्षा	:	मास्टर डिग्री(लेक्चरर)
संप्रति	:	मध्यम
प्रकाशित कृतियाँ	:	10 किताब में साझा संकलन, अनेकों पब्लिकेशन से प्रकाशित कहानी, कविता, लघु कथा, गजल।
लेखन विधा	:	प्रिंसिपल हिंदी
उपलब्धियाँ	:	पाठकों का प्यार।
संपर्क	:	9534585710
ईमेल	:	veena.upadhyay1212@gmail.com
दूरभाष	:	8969723550

नारी की कहानी

नारी की कथा अनन्त होती

मन की व्यथा बयां नहीं करती

सहती जाती जीवन पर्यंत

रखती मुख मौन मन बन्द

गंगा सी पावन और निर्मल

बहती कल कल निश्छल !!

नहीं कभी मानती हार

स्नेह पूर्ण भरी रसधार

बन मिसाल खुद ही

खुद जलती

वक्त पड़े शोला में

बदलती

वक्त पड़े शबनम में

बदलती !!

अथाह ममता लिए हुए

दर्द-पीर गम पिये हुए

प्रतिपल मुस्कुराती हुई

मन-अवसाद छुपाती हुई !!

नारियों का

सम्मान करो

नारी- शक्ति की

पहचान करो !!

🖎 वीना उपाध्याय

बेदाग आवरण (लघुकथा)

'तेज कदमताल करते हुए दादी ने अचानक बालकनी में ठहर कर अपने चश्में को आँचल से साफ किया, फिर कड़क आवाज में जाते हुए राजन से बोली 'राजन, शाम को कोचिंग क्लास लेकर सीधे घर आ जाना, रास्ते में कहीं रुकना नहीं। '

'क्यों दादी माँ?'

'राजू, तुम्हारे लिए लड़की देखने चलना है। '

'दादी, मैं नहीं जाऊंगा। '

'क्यों नहीं जाएगा?'

'दादी माँ, कितनी बार बोल चुका हूँ कि मैं तेजस्वी से शादी करना चाहता हूँ। '

'तेजस्वी?तू पागल तो नहीं हो गया है? राजन, तुझे पता नहीं है कि वह चर्मरोग बीमारी से ग्रसित है?दादी ने थोड़ा गुस्से से कहा।

'तो क्या हुआ। चर्मरोग बीमारी आज के जमाने में लाईलाज थोड़े न है? दादी माँ, वैसे भी चेहरे पर ज्यादा तिल निकल आना कोई भयानक बीमारी नहीं होती। इसमें उसका क्या दोष है? 'राजन ने कहा।

तुझे शादी के लिए एक धब्बेदार चेहरे वाली ही लड़की मिली, क्या दुनिया में लड़कियों का अकाल पड़ गया है?दादी ने फिर गुस्से से फटकारते हुए कहा।

दादी सुंदर एवं बेदाग चेहरे वाली लड़की से शादी तो कोई भी कर सकता है, लेकिन आपकी तरह सब नकारात्मक सोच रखेंगे तो तेजस्वी जैसी लड़कियों का क्या हश्र होगा?

फिर दादी का हाथ बड़े प्यार से थामते हुए राजन भावुक हो कर आहिस्ते -आहिस्ते बोलने लगा।

'दादी माँ, तेजस्वी को मैं स्कूल टाइम से ही जनता हूँ, बहुत ही सुलझी हुई स्वभाव की है, भले ही उसके चेहरे पर किसी हार्मोन्स समस्या से सम्बंधित तिल कुछ ज्यादा दिखाई देने लगे हैं, मगर उसकी सोच बिल्कुल बेदाग है। दादी माँ आप उसके बाहरी आवरण को देखती हो और मैं उसके अंतस आवरण को देखता हूँ, जो मुझे हमेशा प्रभावित करते चले आ रहें है।

'अब फैसला आपके हाथ में है दादी माँ, इतना बोलते -बोलते राजन ने दादी की गोद में अपना सर रख दिया।

दादी कुछ देर सोचने के बाद राजन के बालों में उंगली फिराते हुए बोल पड़ी।

'राजन, मेरे लाल तुम्हारी जैसी इच्छा।

तेजस्वी के माता -पिता को फोन कर के बोल दो, की हमलोग शाम को उनके घर तेजस्वी का हाथ मांगने आ रहे हैं।

क्योंकि, उनकी बेटी के तिल ने मेरे बेटे का दिल जो जीत लिया है

हँसते हुए दादी ने राजन के गाल पर प्यार की चपत लगा दी।

वीना उपाध्याय

पिया रहूँगी सदा ख्यालों में

लाख जतन कर लो पिया

मैं तो रहूंगी सदा ख्यालों में।

प्रीत सुगंध बन के महकूंगी

तेरे हाथों में और रूमालों में!!

जहाँ भी जाओ, साथ रहूंगी

बिन बोले हीं मैं बात करूँगी

थक जाओगे निकलेगा पसीना

जब तन बदन और गालों में।

झट प्यार से सोख लूंगी

मैं छुपी हुई रूमालों में!!

आँखों की पुतली में रहूंगी

जागोगे तो साथ जगूंगी।

सोओगे तो साथ सोऊंगी

जब नींद नही आएगी तो

सहला दूँगी उंगली से बालों में

गाऊँगी गीत सुर और तालों में!!

जब भूख लगेगी निवाला बनूंगी,

पानी सरबत और हाला बनूंगी।

एक पल भी नहीं छोड़ूंगी

तुम्हें किसी नशे की हालों में,

गिरने भी नहीं दूँगी

लड़खड़ा कर कीचड़ और नालों में!!

पिया रहूंगी सदा ख्यालों में

तेरे पॉकेट में रूमालों में

रहूंगी सदा ख्यालों में!!
गुनगुनाओगे गीत गजल बनूंगी,
मुस्कुराओगे अधर प्रीत सजल बनूंगी।
रंग दूँगी इंद्रधनुषी सतरंगी गुलालों में
पिया रहूंगी सदा ख्यालों में।।
जहाँ देखोगे दृष्टि पटल बनूंगी
थकोगे हिम्मत और बल बनूंगी।
नहाओगे निर्मल जल बनूंगी
तेरे हर प्रश्न का हल बनूंगी।
नहीं उलझने दूँगी तुझको
किसी उलझे सवालों में
पिया रहूँगी तेरे ख्यालों में
पिया रहूँगी सदा ख्यालों में!!

✑ वीना उपाध्याय

रचनाकार परिचय	

प्रियंका प्रिया

पिता	:	श्री धर्मेंद्र सिंह
माता	:	श्रीमती आशा देवी
शिक्षा	:	एम०ए०अर्थशास्त्र, एम०ए० (शिक्षाशास्त्र), बी०एड०, एम०एड०
संप्रति	:	सहायक शिक्षिका (स्नातकोत्तर), श्री महंत हरिहरदास उच्च विद्यालय, पूनाडीह, पटना
प्रकाशित कृति	:	साझा काव्य संग्रह- 'सफलता', के०बी० राइटर्स प्रकाशन
साझा संग्रह	:	'कागज से कलम तक', तारे जमीन पर प्रकाशन, 'साहित्यनामा' पत्रिका मई 2020 अंक में प्रकृति की प्रवृत्ति, वेदना, मुंबई से प्रकाशित 'द फेस ऑफ इंडिया' पत्रिका में आलेख अगस्त 2020 अंक मन के हारे हार है मन के जीते जीत, विभिन्न समाचार पत्रों जैसे दैनिक वर्तमान अंकुर, दैनिक नवीन कदम, हिंदुस्तान और प्रतिष्ठित साहित्यिक समूहों में, पत्र-पत्रिकाओं में कविता एवं आलेख प्रकाशित
सम्मान	:	अमृता प्रीतम कवियित्री सम्मान 2020, 'कलम बोलती है साहित्य सितारे सम्मान, हिंदी साहित्य के नए प्रतिमान 'श्रेष्ठ रचनाकार सम्मान', हिंदी दैनिक वर्तमान अंकुर 'श्रेष्ठ रचनाकार सम्मान'
अन्य उपलब्धियां	:	समूह नृत्य प्रतियोगिता प्रथम स्थान, वीमेंस ट्रेनिंग कॉलेज, पटना विश्वविद्यालय, १०० मीटर दौड़ प्रतियोगिता 'दूसरा स्थान', वीमेंस टेनिंग कॉलेज, पटना विश्वविद्यालय

शक्ति

वह रणक्षेत्र में हुंकार भरे,

वह अपशब्दों का प्रतिकार करें।

शत्रुओं से जो नहीं डरे,

जिससे हर संकट दूर डरें।

वह ओजस्विनी है तेजस्विनी है,

लोगों की होती है उसमें निष्ठा,

उसकी होती है ऐसी पराकाष्ठा।

वह सत्य है सत्यवान है,

वह पूज्य है भगवान है।

कर के सम्मुख आक्रमण,

वह करती है दुष्टों का दमन।

उसमें तेज है प्रताप है,

वह करती नहीं आघात है।

वह है सर्वेश्वर; नहीं है वह नश्वर।

वह है वीरांगना, उसकी होती है अराधना।

वह भक्तों से प्यार करें,

वह अधर्मियों पर वार करें।

शक्ति स्वरूपा वह, कमलनयनी सारी दुनिया,

जिसे कहती है जगत जननी।।

प्रियंका प्रिया

निर्भया

पैसे के लिए अपना ईमान बेचने वालो शर्म करो

न्याय और कानून का नाम बेचने वालों

16 दिसंबर 2012 की रात

क्या बीती होगी उस पर ? कैसे होंगे उसके हालात ?

चीर चीर अंतः वस्त्र हनन किया अस्मत का।

तार-तार किया सब ने उसकी इज्जत का।

बारी बारी से सब ने हवस बनाया उसको,

उससे भी मन ना भरा तो लोहे का रॉड घुसाया उसमे।

अरे ! कहाँ से लाते हो ?

अरे ! कहाँ से लाते हो

इतनी दरिंदगी ?

है हैवानों तुमसे तो लाख अच्छे होंगे जंगली शैतान।

खून रुक नहीं रहा था उसकी आंत भी कटी हुई थी।

देख कर उसकी हालत डॉक्टर की आंखें भी फटी हुई थी।

कोई इतना क्रूर कैसे हो सकता है ?

अरे ! डूब मरो जल्लादों

तू जिंदा रह कर भी क्या कर सकता है ?

कैसे कतरा कतरा एक मां ने सींचा उसको,

हैवानियत बुझाने सब ने बस में खींचा उसको।

ऐ ! न्याय के पुजारी, धर्म के ठेकेदारों

ऐ ! न्याय के पुजारी धर्म के ठेकेदारों,

आम जनता, नेता और साहित्यकारों पूछती हूँ तुमसे

पैसे के लिए तुम इतना गिर गए।

बलात्कारियों के रखवाले, वकालत करने वाले,

कहीं ऐसा ना हो कभी,

एक दिन तेरी भी बहू बेटी होंगी ऐसी दरिंदों के हवाले।

तुझे शर्म नहीं आती क्या? सही में तुझे जरा भी शर्म नहीं आती क्या?

इसी दिन के लिए तू ने उठाई थी न्याय की पाती।

एक पल के लिए सोच उस क्षत-विक्षत बेटी का,

बंद कर गई झूठी वकालत न्याय की परिपाटी का।

सुलगती आग है उस मां के दिल का,

बेटी की हालत देख जब रूह रूह धधका।

इन दरिंदों की वकालत कर कहते हो

किसी की जिंदगी का सवाल है अरे रिश्वतखोर, झूठे यह कुछ नहीं

बस पैसे का बवाल है क्योंकि तेरी जेब में बलात्कारियों का दिया माल है।

हैरत होती है देख देश की लचर पचर न्याय व्यवस्था से

मां के आंसू और दिल नहीं पिघला तेरा निर्भया की अवस्था से?

उसकी वकालत करने वालों एक दिन मुंह की खाओगे,

जब उस हालात में किसी दिन किसी अपनों को पाओगे।

हमारे धैर्य की और परीक्षा ना लो,

है आग दिल में कितनी और समीक्षा कर लो

आखिर में हम बेटियां यही चित्कार करती हैं

न्याय दो हर उस निर्भया को यही हुंकार भरती हैं।।

✍ प्रियंका प्रिया

नारी हूँ मैं कोई पाप नहीं

नारी हूँ मैं कोई पाप नहीं

सूरज हूँ मैं अंधेरी रात नहीं वरदान हूँ मैं कोई अभिशाप नहीं

कतरा कतरा कुर्बानी है मेरी

उपेक्षित अस्तित्व निशानी है मेरी

नारी हूँ मैं कोई पाप नहीं

वरदान हूँ मैं कोई अभिशाप नहीं

काली सच्चाई समाज की हो

बात राजनीति या जातिवाद की हो

छोटी-छोटी बातों पर हिंसक हुए तुम

काम कितना भी करूं कब प्रशंसक हुए तुम

फर्ज हवाला दे सब नारियों पर फूंका

एसिड फेंक नियत दिखा बे-आबरू कर लूटा

जब जी आया दांव लगाकर तोड़ दिया मुझको

तू बोल इस समाज ने क्या मोल दिया मुझको

चौसर हो या चारदिवारी

बचाने नहीं आते अब गिरधारी

रेत सी हम नारियों की फिसलती है जिंदगी

लोगों के इशारों पर चलती है जिंदगी

न भविष्य देखा है न इतिहास भूलूंगी

कब तक पुरुषत्व की अग्नि में जलूंगी

वरदान हूँ मैं कोई अभिशाप नहीं

नारी हूँ मैं कोई पाप नहीं।।

प्रियंका प्रिया

| रचनाकार परिचय |

अभय प्रताप सिंह

सम्प्रति	:	लेखक व विद्यार्थी
पिता का नाम	:	श्री हरिगेंद सिंह
माता का नाम	:	प्रमिला सिंह
पता	:	ग्राम - बेनीकोपा (कबीर वैनी), जिला - रायबरेली
योग्यता	:	बीए
अन्य योग्यता	:	एडीसीए, हिंदी और अंग्रेजी टाइपिंग, अमेरिकन और विदेशी भाषाओं का ज्ञान
प्रकाशित पुस्तकें	:	कहानी हर विद्यार्थी की नई उम्मीद, द माइंड एक प्रेरणादायक संघर्ष, सिलवटें (साझा संग्रह), प्रकाशन हेतु प्रकाशन में पुस्तक- अजनबी ' सर्वश्रेष्ठ कहानियां '
पुरस्कार	:	मुंशी प्रेमचंद स्मृति पुरस्कार, सर्वश्रेष्ठ उभरते लेखक पुरस्कार और युवा लेखक पुरस्कार आदि।
साझा संग्रह	:	डाइवल्ज ऑफ स्माइल, मेरी माँ मेरे एहसास, पितृभक्ति, गुरुमहिमा इत्यादि
ईमेल आईडी	:	singhabhaypratap193@gmail.com

बेटी

भगवान की परछाई होती है बेटी,

अपने घर की लक्ष्मीबाई होती है बेटी।

मत रुलाओ कभी बेटियों को तुम,

साहब क्योंकि पराई होती है बेटी।

मां की दुलारी होती है बेटी,

बाप को प्यारी होती है बेटी।

बहन की दोस्त होती है बेटी,

भाई की कलाई होती है बेटी।

बेटियों से एक परिवार होता है,

बेटियों से हर घर का त्योहार होता है।

मत मारो पेट में बेटियों को,

बेटियों से ही हमारा संसार होता है।

गर नहीं रहेगी एक भी बेटी

तो ब्याह कर, किसे ले आओगे?

गर न बनाई खाने को वो,

तो साहब, भूखे ही मर जाओगे।

जिनके घर नहीं है बेटी

कीमत वो जानते हैं,

क्या कीमत है बेटी की

साहब वो अच्छे से पहचानते है।

नहीं चाहिए खेल खिलौना

नहीं चाहिए उनको कुछ

पर, एक बार तो प्यार से बोलो,

क्यों बैठे हो इतना चुप?

दहेज

बेटी हर घर की प्यारी होती,

हर पल सबसे न्यारी होती।

मत करो अब उन पर अत्याचार,

बंद करो दहेज का व्यापार।

वो खुद लक्ष्मी की रूप है होती,

हर दिन अपनों के लिए रोती।

सुनो, रहेगी वो हमेशा तुम्हारे साथ,

क्यों करते हो पैसों की बात?

गर देगी वो साथ आपका,

भरा रहेगा घर धन दौलत से।

मत तौलो दहेज में उनको,

वो करेगी घर का बेड़ा पार।

जिंदगी बीत जाती है उसकी,

बहुत पैसे जुटाने में।

एक बेटी को तौल देते हो बस,

छोटे से ख़जाने में।

लक्ष्मी लक्ष्मी करते हो तुम,

लक्ष्मी को ही जला दिए।

कुछ पैसों के लिए तुम उसको,

अपने घर से भगा दिए।

न देखो तुम, दौलत की नजरों से

वो खुद एक कीमती दौलत है।

खुद सब कुछ वो सह जाएगी,

अरे, तुम्हारे घर की शौहरत है।

मेरी मां

दुःख - सुख, हर एक दर्द में खड़ा रहूंगा,
अपनी मां की मुसीबत का, सामना करूंगा।
गर आई मेरी मां पर, एक भी चोट,
कसम से, उन चोटों से भी लड़ जाऊंगा।
शब्दों से बात करते करते कब दिल में बसूंगा?
पता नही कब मम्मा का लाडला बेटा बनूंगा?
अब मैं अपनी मम्मा को हर पल हसाऊंगा,
जब बोला ही है मां, तो उस फर्ज़ को निभाऊंगा।
वो परिवार भईया का ही नही, मेरा भी होगा,
सुख में तो नही, पर हर एक दुख में हिस्सा होगा।
मैं अपनी मां का, हर एक कहना मानूंगा,
दूर ही का सही, पर सच वाला बेटा बन, दिखाऊंगा।
जब मम्मा, पापा का दिल से आशीर्वाद पाऊंगा,
याद रखना फिर मैं भी कलेक्टर बनकर आऊंगा।
ये कलेक्टर तो बशर्तें एक बहाना होगा,
असली मकसद तो मां के हाथ का बना खाना होगा।
मेरी मां की ममता में ये सारा जहां होगा,
जब भी पुकारेगी मेरी मां, ये बेटा हर हाल खड़ा होगा।

✍ अभय प्रताप सिंह

रचनाकार परिचय

सोनल मंजू श्री ओमर

शिक्षा	:	बी.ए.(दिल्ली यूनिवर्सिटी), एम. ए.(इग्नू), एम. फिल. हिंदी (शोध पुस्तिका)(सौराष्ट्र यूनिवर्सिटी)
कार्य	:	स्वतंत्र लेखिका, शिक्षिका एवं साहित्य की विद्यार्थी
अभिरुचि	:	स्केचिंग, लेखन, आर्ट एंड क्राफ्ट, ट्रैवलिंग
लेखन विधाएँ	:	कविता, लघुकथा, कहानी, बालगीत, बालकथा, लेख, यात्रा वृतांत
पता	:	सुंदर भवन 27, तीसरी सीधी गली, कन्हैया लाल हॉस्पिटल रोड, सचेंडी, कानपुर नगर, उत्तर प्रदेश, 209304
ईमेल	:	sonal.omar06@gmail.com
फोन नं.	:	8780039826

बेटी की साक्षरता

दीपक...ओ दीपक...!! उठ जा बिटवा। स्कूल जाएं का बखत हुई गवा - माँ दीपक को उठाती है। तभी दीपक की छोटी बहन रोशनी कहती है - 'अम्मा, हमको भी भईया की तरह स्कूल जाना है। हमको स्कूल काहे नहीं भेजती हो?'

'पढ़ाई मा बहुत खर्चा होता है। तुम्हरे बप्पा की भी साझे पर की दुकान है ऊ मा जो कमाई होती है, उसमें से आधी तुम्हरे चाचा ले जाते हैं। आधे में ही घर चलाना पड़ता है। पैसा पूरा ही नही पड़ता। औ बिटिया, तू स्कूल जाके का करेगी? तुझे सम्भलना तो घर-संसार ही है। भईया को पढ़े दे ऊ पढ़-लिख के हमरा नाम करेगा, हमरा सहारा बनेगा' छोटी-सी उम्र में ही रोशनी काफी समझदार हो गई। वो घर की परिस्थितियाँ समझती थी, इसीलिए कभी कोई मांग नहीं करती थी। जितना मिल गया उतने में ही खुश रहती थी। लेकिन पढ़ने की ललक कभी-भी उसकी कम नहीं हुई। पढ़ाई में दिलचस्पी होने के कारण वह घर पर रहकर ही अपने भाई की किताबें पढ़ा करती थी। गणित के सवाल तो वह चुटकी बजाते ही हल कर लेती थी। कुशाग्र बुद्धि होने के कारण दीपक अपना कार्य भी उसी से कराया करता था। बल्कि परीक्षा के समय रोशनी दीपक की पढ़ने में मदद भी करती थी। इस प्रकार समय अपनी चाल से चलता रहा और दीपक ने अपनी स्नातक की पढ़ाई पूरी कर ली। दीपक के पिता रामदयाल अपने बेटे को वकील बनाना चाहते थे। पढ़ाई में बहुत खर्चा था तो छोटे भाई से पैसे उधार लेकर दीपक का दाखिला लॉ कॉलेज में करा दिया। गाँव से दूर शहर में हॉस्टल में कमरा दिला कर दीपक की पढ़ाई का इंतजाम कर दिया। दीपक जब भी छुट्टियों पर घर आता अपनी पुरानी किताबें घर ले आता। रोशनी उन किताबों को पढ़ती। वह गाँव के बच्चों को ट्यूशन भी पढ़ाने लगी। लेकिन दीपक शहर जाकर दोस्तों-यारों के गलत संगत में पड़ गया। उसका जीवन अनुशासनहीन हो गया। उसका मन पढ़ाई-लिखाई में नही लगता था। परिणाम स्वरूप तीसरे वर्ष की परीक्षा में वह फेल हो गया। इसके बाद वह सबकुछ छोड़-छाड़ के वापस गाँव लौट आया। माँ-बाप के लाख समझाने पर भी वह अपनी पढ़ाई पूरी करने नहीं गया।

फेल होने पर शर्मिंदगी में दीपक सारा दिन घर पर ही पड़ा रहता, कोई काम भी नहीं

करता था। इधर दीपक के पिता का कर्जा भी बढ़ता जा रहा था। रामदयाल ने सोचा था कि दीपक वकील बन के उनका हाथ बटाएगा, घर में चार पैसे आयेंगे उनका कर्ज उतरेगा, पर ऐसा कुछ भी न हुआ। रामदयाल की यह दशा देखकर उसके भाई ने उनकी दुकान व कारोबार जिस पर दोनों का बराबर का हक था हड़प कर ली। रामदयाल के भाई ने रामदयाल की निरक्षर होने के कारण धोखे से कर्जे के कागज की जगह दुकान के कागजो पर अंगूठा लगवा लिया था।

सबको लगा अब तो रामदयाल की दुकान गई। कागज पर अंगूठा होने के कारण रामदयाल ने भी दुकान वापस मिलने की आस छोड़ दी थी, पर तब ही रोशनी ने कानूनी कार्यवाही कर के धारा 420 व धारा 120 बी के तहत धोखाधड़ी का मुकदमा अपने चाचा पर कर दिया। आज सभी को रोशनी की सूझबूझ, बुद्धि व ज्ञान पर गर्व हो रहा था। रामदयाल ने रोशनी से कहा, 'आज तुम्हरे ही कारण बिटिया, हमका उम्मीद की रोशनी मिली। 'तब रोशनी ने कहा, 'बप्पा, अगर आप हमका पढ़ाये होते तो आज आपको इस मुकदमे के लिए वकील न करना पड़ता। हम खुद यह मुकदमा लड़ते। हम कमाते भी और आपका कर्जा भी उतरते!'

✍ - सोनल मंजू श्री ओमर

एक अनोखा रिश्ता

प्रिया और रानी दोनों पक्की सहेलियाँ है। दोनों एक ही स्कूल एक ही क्लास में हैं और दोनों का घर भी आस-पास है, जिस कारण स्कूल के साथ-साथ बाकी का भी अधिकतर समय एक साथ ही गुजरता है।

रानी और प्रिया एक ऐसे समाज मे रहती है, जो पुरूष प्रधान है। जहाँ स्त्री का कोई महत्व नहीं है, उसके जज़्बातों और इच्छाओं का तो कोई मोल ही नहीं। स्त्रियों को गाय-भैंस जानवर से ज्यादा नहीं आंका जाता। रानी और प्रिया ने हमेशा अपनी माँ, बहन, भाभी तथा अन्य अड़ोस-पड़ोस की स्त्रियों को घरेलू हिंसा का शिकार होते देखा था। मार खाना, शोषित होना तो उनकी दिनचर्या में शामिल था। रानी की माँ का देहांत भी शराबी पिता की मार से ही हुआ था। रानी और प्रिया को भी कितनी ही बार अपनी इच्छाओं का हनन करना पड़ता। वो दोनों ऐसे माहौल में नहीं रहना चाहती पर उनके पास और कोई अन्य मार्ग भी नहीं था। प्रिया पढ़ने में बहुत अच्छी थी। वह पढ़ लिखकर अपनी स्थिति सुधारना चाहती थी। लेकिन रानी का मन पढ़ाई में नहीं लगता था। दोनों ने अपनी स्कूल की पढ़ाई पूरी की और कॉलेज में दाखिला लिया। कुछ ही समय के बाद बालिग होते ही उनकी शादी की चर्चाएं चलने लगी। रानी के पिता ने कॉलेज का तीसरा साल पूरा होने से पहले ही उसके हाथ पीले कर दिये। और प्रिया ने अपनी कॉलेज की पढ़ाई पूरी होने के बाद दिल्ली की एक कंपनी में जॉब के लिए आवेदन दे दिया, और उसे वो जॉब मिल भी गई। प्रिया के दिल्ली जाने पर भी पिता व भाई ने बहुत रोक लगाई लेकिन प्रिया इस माहौल से बस दूर जाना चाहती थी, उसे ऐसा मौका शायद ही मिलता। इसीलिए प्रिया ने एड़ी-चोटी का जोर लगा दिया और लड़-झगड़कर दिल्ली चली गई।

काफी समय बीत जाने के बाद एक दिन प्रिया की माँ ने फोन पर बताया कि रानी अस्पताल में भर्ती है। बेटी का जन्म होने के कारण उसके पति ने उसे मार-मारकर अधमरा कर दिया। हालत बहुत गम्भीर है। यह सुनते ही प्रिया की आँखों के सामने अंधेरा छा गया। उसने फौरन ही टिकट कराया जो एक सप्ताह बाद का टिकट मिला। एक हफ्ते बाद वो गांव पहुँचकर रानी से मिली। दोनों बचपन की सहेलियाँ एक-दूसरे को देखकर फूट-फूटकर रोने

लगी। रानी की हालत देखकर प्रिया ने फैसला किया कि वो रानी को और उसकी बेटी को अपने साथ ले जाएगी, लेकिन परिवार वाले नहीं मानेंगे इस डर से उन्होंने चोरी-छुपे ही भाग-जाने का निर्णय लिया। और उसी रात वो तीनों दिल्ली चले आए। प्रिया ने घर पर एक चिट्ठी छोड़ दी, जिसमें लिखा था कि मैं रानी और उसकी बेटी को अपने साथ ले जा रही हूँ और अब कभी वापस नहीं आऊंगी।

कई साल बीत गए है। प्रिया, रानी और उसकी बेटी पिंकी तीनों साथ में रहते हैं। प्रिया घर का खर्च चलाती है, घर के बाहर के सारे काम निपटाती है। वहीं रानी अपनी बेटी का ख्याल रखती है और पूरे घर की जिम्मेदारी निभाती है। प्रिया ने शादी नहीं की और रानी ने भी दोबारा शादी नहीं की। दोनों के मन मे पुरुषों के प्रति नफरत भर चुकी है। वे आपस मे ही खुश हैं। दोनों की इच्छा बस पिंकी को अच्छे से शिक्षित कर के अपने पैरों पर खड़ा करने की है।

समाज इनके रिश्ते को नहीं समझता, उन्हें लगता है कि वे समलिंगी है। पर लोग क्या जाने कि वो समान लिंग वाले इंसान से प्यार नहीं बल्कि विपरीत लिंग वाले इंसान से नफरत करती है। शायद ही कोई इनके इस अनोखे रिश्ते को समझ पाएगा।

✎ सोनल मंजू श्री ओमर